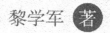

黎学军 著

U0625408

马克思主义历史观 与世界观的汇通

甘肃人民出版社

图书在版编目（CIP）数据

马克思主义历史观与世界观的汇通 / 黎学军著 . --
兰州 ： 甘肃人民出版社，2021.12（2024.1重印）
ISBN 978-7-226-05752-0

Ⅰ . ①马… Ⅱ . ①黎… Ⅲ . ①马克思主义－历史唯物
主义－研究②马克思主义哲学－世界观－研究 Ⅳ.
①B03②B0-0

中国版本图书馆CIP数据核字 (2021) 第235306号

责任编辑:牟克杰　张　菁
封面设计:陈　珂

马克思主义历史观与世界观的汇通

黎学军 著
甘肃人民出版社出版发行
（730030　兰州市读者大道568号）
河北浩润印刷有限公司印刷
开本 787毫米×1092毫米　1/16　印张 11.5　字数 183 千
2022 年 1 月第 1 版　　2024 年 1 月第 2 次印刷
印数：501~2500
ISBN 978-7-226-05752-0　　定价: 60.00元

目　录

摘要 ·· 1

第一章　概念的解析 ·· 6

一、相关概念新解 ·· 8

1. 康德之前先民们或先贤们有实无名的诸种看世界方式 ············ 8

2. 哲学意义的"世界观" ··· 9

3. 世界观的内部结构 ··· 11

二、由来与变迁：中文语境中的"世界观" ·························· 13

1. 世界观的两种义项 ·· 14

2. 变迁的逻辑 ·· 22

第二章　马克思主义世界观的起源与内涵 ······················· 26

一、马克思主义世界观的内涵 ·· 28

二、从马克思世界观到马克思主义世界观的演变历程 ················ 33

1. 青年马克思世界观 ·· 33

2. 从马克思世界观到马克思主义世界观 ····························· 35

三、马克思主义世界观的特征 ·· 38

四、对马克思主义世界观的质疑及其回应 ···························· 41

五、历史的回响 ·· 45

第三章　马克思主义世界观的苏联阶段 ……………………………………… 47

一、俄罗斯民族世界观的心理因素 ………………………………………… 48

　　1. "村社"社会 ……………………………………………………… 49

　　2. 俄罗斯民族的政治心理特点 ……………………………………… 52

　　3. 预测与未来 ……………………………………………………… 57

二、列宁的世界观 …………………………………………………………… 58

三、斯大林的世界观 ………………………………………………………… 62

　　1. 关于发展社会主义生产力 ………………………………………… 64

　　2. 关于建立社会主义经济基础 ……………………………………… 68

　　3. 关于无产阶级国家政权建设 ……………………………………… 71

四、苏联继任领导对马克思主义世界观的理解与举措 …………………… 73

　　1. 赫鲁晓夫的理解 ………………………………………………… 73

　　2. 勃列日涅夫的理解 ……………………………………………… 75

　　3. 安德罗波夫和契尔年科时期的改革 ……………………………… 76

　　4. 戈尔巴乔夫时期的改革 ………………………………………… 77

五、否应遗忘哲学的"形而上"维度 ……………………………………… 78

第四章　马克思主义世界观的演变及其逻辑——以五个社会主义国家

　　　　执政党党章为例 ……………………………………………… 83

一、最初的信念 …………………………………………………………… 84

二、当下的呈现 …………………………………………………………… 88

三、演进方式及其逻辑 …………………………………………………… 92

第五章　马克思主义世界观与历史观同质同畴 ………………………… 94

第一节　"看往事"的方式体现出的世界观特征 ……………………… 95

第二节 "看描述往事的人和书"所体现出来的世界观特征 …………… 98

第六章 二者的马克思主义贯通：唯物史观的转义及其话语表达 ………… 101

一、史源 ………………………………………………… 103

二、转义 ………………………………………………… 106

三、逻辑 ………………………………………………… 114

第七章 二者的儒学贯通：我国新儒家的观点 ……………… 117

第一节 熊十力 …………………………………………… 118

一、体 ………………………………………………… 119

二、用 ………………………………………………… 121

三、对西人史观之异议 ………………………………… 124

第二节 徐复观 …………………………………………… 126

一、悬设的三个原则 …………………………………… 127

二、三个特色 …………………………………………… 129

三、对徐氏观点之我见 ………………………………… 133

第三节 牟宗三 …………………………………………… 137

一、牟宗三的质疑 ……………………………………… 136

二、牟宗三历史观全貌勒要 …………………………… 142

三、马克思的"回应" …………………………………… 144

第八章 外篇：弗洛伊德对马克思主义世界观的质疑与我们的回应 ……… 148

一、弗氏世界观概念的内涵 …………………………… 149

二、弗氏世界观概念的外延 …………………………… 151

1. 泛灵论世界观 ……………………………………… 151

2. 宗教世界观 ………………………………………… 153

　　3. 科学世界观 …………………………………………………… 154

　　4. 哲学世界观 …………………………………………………… 155

　三、对弗氏批判狭义马克思主义世界观所作的辩护 …………………… 158

第九章　结　语 …………………………………………………………… 161

参考文献 …………………………………………………………………… 165

后　记 ……………………………………………………………………… 166

摘　　要

狭义马克思主义世界观指的是自恩格斯在《反杜林论》、《路德维希·费尔巴哈和德国古典哲学的终结》等著述中阐发并被随后的继承者们弘扬的无产阶级思想和实践规范,即无产阶级对宏观宇宙和客观物质世界变化运行机理的理解并由此延伸出来的对人类社会生产和政治等活动之规律的认知所组成的信念体系,其逻辑结构像一幅拼图,构成拼图的数百个信念环环相扣、相互支持。而所谓广义马克思主义世界观在我国主流看法指整个辩证唯物主义,其始于斯大林《论辩证唯物主义和历史唯物主义》。由于广义马克思主义世界观在社会主义国家中流传极广,人们一度遗忘了其实狭义马克思主义世界观不但早于广义马克思主义世界观且自身有独特的层次结构和特征,其理论内涵在风行社会主义国家近一个世纪的哲学教科书中从未被明确和完整地表述过,以其为单一研究对象的中外文专著迄今未有。①

世界观研究是哲学领域里永恒主题,即使质疑者(胡塞尔,《作为严密科学的哲学》)也难以否认这一点。现代意义上的世界观概念肇始于康德,其初始意并非我国通用哲学教科书所说的"对世界的总体认识"而是指对单纯现象的感性认识(《判断力批判》),海德格尔将其理解为"深刻思考呈现于感官的那个世界"(The Basic Problems of Phenomenology),随后历经费希特、谢林、黑格尔的诠释,其涵义由对宇宙的感性知觉提升为对宇宙的理性知觉。世界观概念激发了德语知识界的想象力,马克思主义世界观(全文不再注"狭义")即是此路径的"接着讲"。

这个领域的专题研究国外研究有三个类别,国内有四个方面:

当代国外马克思主义世界观研究按研究对象不同分为西、日、马三类:

第一类是当代欧美学界聚焦于马克思恩格斯从经济学批判转向马克思主义世界观的历程及其逻辑,McMurtry;John Murray1978、(德)费彻尔2009。

第二类是当代日本学界聚焦于物的世界观与马克思主义世界观关系,汤川秀樹1950、田中耕太郎1951、广松涉1975。

第三类社会主义阵营普遍以诠释作者同时代精神为主题,(苏)巴维尔金1956、(苏)康斯坦丁诺夫1958、(苏)弗罗洛夫1990、(越)阮氏贵1984、(越)黎英色1992、(越)范氏銮2011、(古)阿莱霍·卡彭铁尔2013。

国内马克思主义世界观研究主要有四个方面:

首先,马克思主义世界观演变轨迹研究,陈唯实1937、孟庆仁1991、孙晓毛2001、余源培2010、郭忠义2014、梅荣政2017,对于何为"马克思主义世界观"观点各异。

其次,马克思本人世界观体系研究,徐崇温1996、牛欣芳1960、丹枫1963、

---

① 全文均是在我们所定义的狭义的意义上使用马克思主义世界观概念,除了可能出现有歧义的地方,不再一一标注。

杨耕 1996、刘荣军 2005、周书俊 2009、曹典顺 2009、张友群 2010、涂用凯 2010、边立新 2013、宫敬才 2015、郗戈 2016、宋友文 2017、邹广文 2017，集中在同几部著述的解读，结论相左。

再次，对毛泽东至习近平世界观理论研究，李光耀 1993、吴清安 1993、胡军 1995、冉占国 1996、陈挥 1998、陈志尚 2001、纪光欣 2002、吴易风 2003、王锐生 2003、辛世俊 2006、郑吉伟 2006、刘景钊 2009、罗映光 2009、郭祥才 2012、刘建军 2013、董振华 2016、郭凤海 2017，多为断代史，缺乏动态视角。

最后，既涉及广义也涉及狭义马克思主义世界观内容的研究按对苏联哲学态度分为两条路线：一是传承自苏联的传统路线（黄枬森 2001 等），即承认"哲学就是系统化理论化的世界观"、"辩证唯物主义是马克思列宁主义党的世界观（斯大林）"等观点；一是反思路线（高清海、孙正聿 2007 等），他们质疑世界观与辩证唯物主义直接画等号且认为"历史唯物主义才是（广义）马克思主义世界观"。该学讼两派集中在北京大学和吉林大学，可称之为"北吉之辩"，他们都认可（广义）马克思主义世界观是马克思主义哲学的一个部类，但对于其归属辩证唯物主义还是历史唯物主义则各执一端，归根结底是如何看待苏联哲学的问题。

马克思主义世界观经过国内外几代学者的研究已初具规模，但将马克思主义世界观当作一个元理论并对其自具系统的学术生命体进行"解剖"分析其逻辑结构和内涵流变因素的研究并不能令人满意，还需要进一步努力，比如在元理论的建构、唯物辩证法的灌注、世界视角等方面。

我们通过全文的描述，试图达到如下几点目标：首先，明晰马克思主义世界观内涵与结构。在此内涵中我们能理解马克思主义所有重要问题：物质世界运行变化的规律、阶级社会兴衰的原因、人类社会发展的动力等等。拆分马克思主义世界观各个拼图，分析由数百个信念组成的庞大体系的结构原理并归类和厘清主从关系。其次，明晰马克思主义世界观在马克思主义哲学体系中的地位。分析广义马克思主义世界观长期遮蔽狭义马克思主义世界观的原因，探索马克思主义世界观与马克思主义哲学"两大块"、"四小块"的关系。最后，探索习近平新时代中国特色社会主义思想对马克思主义世界观最新发展。习近平新时代中国特色社会主义思想是中国发展的根本遵循,分析其内容中的"八个明确"和"十四个坚持"对马克思主义世界观的最新发展。

马克思主义世界观及其与历史观的汇通,我们认为主要体现在两点:各自发展历程中的交织与汇通、统一的价值观和未来向度层面的汇通。

首先,发展历程中的汇通。

马克思主义历史观和世界观实际上从一开始就紧密捆绑一起出世的,并无时间点上的先后。我们从理论上将二者进行"剥离"而已,并非说二者是截然分开的,方便展开论述而已。

在史学史的视野中,马克思"批判的历史科学"具有自身发展的历史。从中学拉丁论文开始,马克思就进入到了史学研究的领域,随后也间或接触到一些经济史方面的书籍,在《德意志意识形态》中马克思结合黑格尔历史辩证法与《克罗兹纳赫笔记》摘录的政治史、经济史知识,给出了自己对分析人类历史发展的方法论原则。此后,马克思进入到"原本"的研究之中,其间也发表了一些专业的史学论述,如《路易·波拿巴的雾月十八日》和《鸦片贸易史》等著述。晚年马克思逐渐淡出了论辩领域转而再次进入了史学领域,并摘录了欧美史家大量的著述。一个有趣的事实是,晚年马克思并未在《历史学笔记》中贯彻自己的史学方法论,即并未像后世社会主义国家的史家们一样,用生产力与生产关系、阶级分析等"手术刀"切分历史时期,切分社会人群,由此在历史研究领域留给后世学人很多遐想和一大片的学术空地——后世学人们或者在专门史领域进行"阶级史"、"生产史"等填补式的研究,又或者在"俄国史"、"中国古代史"等通史领域中进行贯彻唯物史观的应用型研究。

在阐发历史观的过程中,马克思恩格斯同时也阐释了自己的世界观。我们所说的"马克思主义世界观"指的是自恩格斯在《反杜林论》、《路德维希·费尔巴哈和德国古典哲学的终结》等著述中明确阐发并被随后的继承者们弘扬的无产阶级思想和实践规范,即无产阶级对宏观宇宙和客观物质世界变化运行机理的理解并由此延伸出来的对人类社会生产和政治等活动之规律的认知所组成的信念体系,其逻辑结构像一幅拼图,构成拼图的数百个信念环环相扣、相互支持。

其次,统一价值观和未来向度层面的汇通。

马克思主要关注资本的逻辑,进行政治经济学批判。他肯定基督教世界衰落、资产阶级创造的世界没前途,力图超越虚无主义,着重于其形而上学根基、政治经济学框架、心理学基础、文明论批判等维度的深度思考,在历史发展中找到无产阶级承担缔造未来之大任,世界观从历史深处得到了响应。

第一章 概念的解析

狭义马克思主义世界观（以下简称为"狭义世界观"）与广义马克思主义世界观（传统观点理解为是整个辩证唯物主义与历史唯物主义）相对，它指的是无产阶级对宏观宇宙和客观物质世界变化运行机理的理解并由此延伸出来的对人类社会生产和政治等活动之规律的认知所组成的包括诸如时空无限性、万事万物都在运动且有规律性、共产党人毫无私利、社会主义国家治理国家的多条合理措施等诸多个信念体系，其逻辑结构像一幅拼图，构成拼图的诸多个信念环环相扣、相互支持。它融入社会主义国家教材体系之后，培养了一代又一代有相似"思维框框"的人。

我们是在哲学道统的意义谈论"世界观"，探讨它从马克思到马克思主义内涵的丰富和实践层面的跃迁。从恩格斯到列宁，马克思主义世界观第一次出现了内涵变化,其由历史观演变成了政权观;从苏联到中国出现了第二次内涵变化,其由政权观演变成了人生观。从马克思世界观到马克思主义世界观,兜兜转转中其基本义项没有变,但其内涵更为丰富了。物质生产条件的改变、科学水平提升、无产阶级生存环境的动态变化是马克思世界观跃升为马克思主义世界观的内涵动态变化的主因。

从我们哲学教科书的视角出发来看,要解释"哲学"是什么就要首先解释"世界观"是什么。

马克思没有直接使用"世界观"的提法,即他本人的著述中始终没有出现过 Weltanschaung 这个词,恩格斯使用过这个词,但是使用的次数也极少。所以我们在使用"马克思世界观"这个词时,实际上是在这种意义上使用的——后世人"眼"中的马克思看世界的方式,即人们从马克思著述当中提炼出来的关于马克思看天、地、人等外部世界的方式。而"马克思主义世界观"的提法和内涵界定则要规范得多,它从一开始就被定义为:马克思主义经典作家在马克思恩格斯创立的理论基础之上一脉相承并根据不同时代精神和实践特点逐渐丰富起来并将一直丰富下去的无产阶级对世界的系统看法。

二者的异同有点类似"马克思哲学"与"马克思主义哲学",后者属于一种完备性学说,且后者规范度和起步时间显然都高于和早于前者。我们认为,"马克思世界观"与"马克思主义世界观"是一脉相承的理论,前者是后者的源头和起点,后者是前者的延续和发展,但二者在使用上也不能互相替代。

在无产阶级思想链条中,不存在一堵铜墙铁壁所隔开的两种世界观——一种是马克思世界观,另一种是马克思主义世界观。但是,在物质生产条件不同、民族情结各异、时代精神不同的客观情况下,常常(也可能是始终)在同一世界观系列中存在着不同的思维结构。

一、相关概念新解

要说清楚"世界观"是什么,至少要说清楚两个问题:康德之前先民们或先贤们有实无名的诸种看世界方式是什么、康德之后的哲学专用术语是什么。

1. 康德之前先民们或先贤们有实无名的诸种看世界方式

这个阶段说的"世界观"是后人安上去的,当时压根还没有这个词,当然更不可能是哲学专用术语,只是先民们对天、地、人三者一个笼统的看法。先民们看世界的方式与感悟流传后世的表现形式有创世神话(如圣经旧约、壮族布洛陀诗经)、诗辞赋(如荷马史诗、诗经、楚辞)、无"世界观"专名的成体系的哲学理论(如亚里士多德、柏拉图的著述)等等,

最初的世界观就目前来看是隐藏于先民们的创世神话及其后世的诠释之中。类似的创世神话,赓续至今的各民族都有。这种创世神话实为先民的原始的哲学,他们的宇宙观——对天地和万物起源的解释。这种解释,在后世一些知识分子看来甚至觉得荒唐而无稽,但先民的心中却以为合理,而且真确的。关于人类先民的创世神话,古代文献也多有记载。

"苏格拉底世界观"或"亚里士多德世界观"的说法在学理上可能是站不住脚的,但不能否认他们也有自己的对万物的看法及其逻辑。苏格拉底在谈到荷马时曾说"真正说话的是神,通过诗人,我们能够清晰地聆听神的话语。"①他认为荷马史诗所言的人对外物的看法是由神灌输而来的,无论怎么看它都是一种对世界的看法。亚里士多德著述中对外物的描述则更多,他认为世界乃是由各种本身的形式与质料和谐一致的事物所组成的,并且给出了自己的"四因说"。放到哲学术语中的"世界观"框架里看,这当然也是一种看待世界的系统观点。

---

① [古希腊]柏拉图:《柏拉图全集》1卷,王晓朝 译,人民出版社,第305页。

先民或先贤们看世界的方式不能命名为某种或某人的世界观,我们可以解释为彼时尚未有此语言概念,以后世的概念冠到前世的事实上,逻辑上也确实有不妥之处。但人类对世界万物的看法从人类能用语言或文字交流的时候就已经发生了。

2. 哲学意义的"世界观"

世界观被人类用文字来定义并形成哲学道统是 18 世纪之后的事,它首先是一个德语概念。康德在其《判断力批判》一书当中创造性地提出了"世界观"一词,他说道:"然而,哪怕只要能思考这给予的无限而不矛盾,这也就要求在人的内心中有一种本身是超感官的能力。因为只有通过这种能力和它的某种本体的理念——这本体自身不允许有直观,但却被用来给作为单纯现象的世界观奠定基底——,那感官世界的无限的东西才在纯粹智性的大小估量中被整个地统摄在一个概念之下,虽然它在数学的估量中通过数目概念是永远不能整个地被思考的。"①康德认为,时间和空间因人的感觉而存在,世界对于人们来说仅仅是一种现象,而所谓"直观",就是"我感觉到某种坚硬的东西,将这坚硬的东西摆在空间里面。"②自此,Weltanschaung 开始被人们理解为"人们对世界的直观,即深刻地思考呈现于感官的那个世界",它很快就演化为一个思想范畴,用来标志人类认知所理解的宇宙。康德在哲学领域发动了所谓哥白尼式的革命,强调认知的自我和有意志的自我的作用,并以此为宇宙的知识中心和道德中心,为世界观概念的传播开辟了思想空间。③之后的费希特和谢林都沿袭了康德的用法,费希特在《试评一切天启》中吸纳了康德对"世界观"内涵的界定,认为世界观就是人们

---

① [德]康德:《判断力批判》,邓晓芒 译,人民出版社,第 93—94 页。

② [德]黑格尔:《哲学史讲演录》第 4 卷,贺麟 译,商务印书馆 1983 年,第 264 页。

③ [美]大卫·K·诺格尔:《世界观的历史》,胡自信 译,北京大学出版社 2006 年,第 65 页。

对感性世界的知觉。① 谢林在《先验唯心论体系》中也提到了"直观世界",他说:"在能通过自由而相互影响的各种理智之间,就它们所表象的共同世界而论,必定是存在一种预定和谐的。这是因为,既然一切规定只有通过理智表象的规定才进入理智之中,那么,直观一个极其不同的世界的各种理智就绝对不会彼此之间有共同之处,有一个共同的接触点,可以在那里会合起来。既然我完全是从我本身得出理智概念的,那么,我所应该承认的这种理智就必定是与我处于同样的直观世界的条件之下……。"② 在谢林看来,世界观是无意识的产物,它是世界留在潜意识领域的印象,心灵虽然处于陶醉状态,却仍在发挥作用,能够产生这种印象。从康德到谢林,世界观的概念的主要含义已经发生了变化,它由对宇宙的感性知觉转化为对它的理性知觉。③ 这也反映了人类思维水平的提升,人类对某概念的思考总是由浅到深进行提升的。

黑格尔沿袭了谢林的世界观"自为"的观点,同时增加了世界观因人而异、因民族而异的看法。黑格尔认为在绝对精神穿越历史长河的辩证运动中,它会具体化为人类的思想和文化,由于落在不同的时期和不同的文化氛围中,世界观也呈现出不同的表现方式。例如,黑格尔对道德世界观的看法:"从这个规定开始,一个道德世界观就形成了,这个道德世界观是由道德的自在自为存在与自然的自在自为存在的关系构成的。这种关系以两种假定为基础,一方面假定自然与道德(道德的目的和活动)彼此是全不相干和各自独立的,另一方面又假定有这样的意识,它知道只有义务具有本质性而自然则全无独立性和本质性。道德世界观包含着两个环节的发展,而这两个环节则处于上述两种完全矛盾的假定的

---

① [德]费希特:《试评一切天启》,载《自由的体系—费希特哲学读本》,梁志学 选编,商务印书馆 2008 年,第 13—14 页。

② [德]谢林:《先验唯心论体系》,梁志学 译,商务印书馆 2006 年,第 223 页。

③ [美]大卫 oKo 诺格尔:《世界观的历史》,胡自信 译,北京大学出版社 2006 年,第 67 页。

关系之中。"①黑格尔特别强调世界观概念适用于表达探究存在之本质的不同风格的思想,他认为精神能在外部世界展示自身,世界观就是对这个过程的一种理解。如文森特·麦卡锡所言:"对黑格尔来说,世界观指的是某个国家在某个历史时期对待世界的态度:诗人往往具有这样的态度。因此,世界观是一种普遍而共同的看法,与朋友们一道置身于那样的时代和那样的社会,他们自然会产生那样的看法……"②

黑格尔之后的德国哲学界由于 19 世纪自然科学的发展,而逐渐建立起一种以"物质决定意识"为根基的思维方式,这也为马克思世界观的创立奠定了基础。

3. 世界观的内部结构

世界观在其德语语境中的涵义指的是"人对世界的由直观到理性的知觉",那么看这个由空间、时间及其在之中的物质构成的世界,就可以细分"或者是关于他们对自然界的关系的观念,或者是关于他们之间的关系的观念,或者是关于他们自身的状况的观念"③三个视域,看的方式就是一种认识论。所以一个完整的世界观就至少包括了一个看的方式和看的内容——看自然、看社会、看人生三个视域。

首先,关于看的方式。看世界通常被认为是一种主客二分视角,即"人看世界",人类只有通过看或实践才能解决人与世界的对立,如广松涉所指出的:"传统的物的世界像是指将世界,即将所有存在界视为由各种'物'构成的世界像——不过,'物'并不限于狭义的物质性物体,而是指在与'事'的对比中的广义的'物'。归根结底,它与实体主义世界观相对应。在这样的世界观中,首先有独

---

① ［德］黑格尔:《精神现象学》下卷,贺麟 译,商务印书馆 1997 年,第 126 页。

② Vincent A. McCarthy, The Phenomenology of Moods in Kiekegaard(Boston:Martinus Nijhoff,1978), p. 136.

③ 《马克思恩格斯文集》第 1 卷,人民出版社 2009 年,第 524 页。

立存在的实在体(实体),那些实体被认为具有各种各样的性质,并彼此相关。在此,被描绘为具有性质的实体原初地存在,那些实体形成第二性的关系。"①此外,"动态看"还是"静止看"的区别。即采取辩证法抑或形而上学的视角看世界,上升到哲学领域就成为区分唯物主义和唯心主义的标志。"怎么看"世界在某种程度上决定着世界观的颜色。

其次,关于看的内容。这里涉及人们通常说的自然观、历史观和人生观。第一,由"怎么看"世界到以上三观,就已经带有人们所说的意识形态属性了。如恩格斯所言:"对世界进行研究的一般结果,是在这种研究终了时得出的,因此它们不是原则,不是出发点,而是结果、结论。从头脑中构造出这些结果,把它们作为基础并从它们出发,进而在头脑中用它们来重新构造出世界——这就是意识形态。"②个人的是无意识制造出来的意识形态,哲学家制造出有边界有逻辑的意识形态,马克思制造出来的是有边界有逻辑且劝人实践的意识形态——"使资本主义的错误世界成为正确的世界,并扬弃其错误的反映这个过程,更确切地说是这个行为,即它的具有自我意识的无产阶级所实行的革命。"③由不同的世界观,到不同的人生选择,这也是我们的主流意识形态灌输的时候常用的措辞。第二,人的三观也有变动不居的属性。世界观是一种既有变动不居的成分又有稳定成分的意识形态体系,世界观是动态变化的:"历史主义(马克思、狄尔泰、特洛尔奇、施本格勒)认为,所有的世界观,不管是宗教的世界观,还是哲学的世界观,都只是变易不居的历史和社会的生活情境的动态表达形式。"④即使在社会主义国

---

① [日]广松涉:《存在于意义一事的世界观之奠基》第1卷,彭曦 译,南京大学出版社2009年,序言第2页。

② 《马克思恩格斯文集》第9卷,人民出版社2009年,第345页。

③ [德]费彻尔:《马克思与马克思主义:从经济学批判到世界观》,赵玉兰 译,北京师范大学出版社2009年,第174页。

④ [德]马克思o舍勒:《世界观与政治领袖》,曹卫东 译,北京师范大学出版社2014年,第177页。

家,它也是因人而异的,但有主流规范和个人层面的分界,因为人"周围的感性世界决不是某种开天辟地以来就直接存在的、始终如一的东西,而是工业和社会状况的产物,是历史的产物,是世世代代活动的结果。"①第三,三观需要专门研究,不能由"怎么看"一笔带过各种细节,如同恩格斯指出的:"这种观点虽然正确地把握了现象的总画面的一般性质,却不足以说明构成这幅总画面的各个细节;而我们要是不知道这些细节,就看不清总画面。为了认识这些细节,我们不得不把它们从自然的或历史的联系中抽出来,从它们的特性、它们的特殊的原因和结果等等方面来分别加以研究。"②

二、由来与变迁:中文语境中的"世界观"

中文语境中的"世界观"语义深陷市场假象和剧场假象泥潭之中,从中文世界观全部的语义变迁视角看,它经历了看红尘、人类社会形态运动之理、以某种信念为根基的人生自我认知之理三种内涵的变迁。"世界"一词来自于佛教经典,本意为"十方三世",即包括一切时空在内全部总和及各部分的辩证联系。由于佛教就其本质和宗旨而言主要面向众生,较少涉及事物之理,所以其广义逐渐被限制在"红尘"之内,也由于中国哲学"向内"的特质,世界观概念自德国传自俄国、日本辗转传至我国之后其语义主要就是"人生观"了。

从西学的视角来看,所谓的世界观指的是自亚里士多德开始的人类对宏观宇宙和外在物质变化运行机理的探究及其对人类社会生产和政治等活动有何影响的动态信念体系,其逻辑结构类似于一幅拼图,内部的各个信念环环相扣、相互支持。世界观内涵持续动态变化着,因世而变,因界而广。例如当我们提到"基督教世界"的时候我们可能会认为它可能指的是信徒自我确认的暗示、可能

---

① 《马克思恩格斯文集》第1卷,人民出版社2009年,第528页。
② 马克思恩格斯文集》第9卷,人民出版社2009年,第23页。

指的是基督教发展的事件历程、也可能是指十字军征服的地域①或者说三者的涵义都有。

中文语境中的"世界观"则主要有两层含义:一是以马克思主义宽广视角观察和判断物质环境和非物质现象,二是以中国传统优秀文化观察和判断物质环境和人自身。这两层含义都有自身的源头和发展历程,第一种含义从马克思到列宁,马克思主义世界观第一次出现了语义变化,苏联到中国出现了第二次语义变化;第二种含义可追溯到《楞严经》和《华严经》等佛教经典,向内的哲学特质持续影响着国人看什么世界、怎样看世界。

中文语义误用现象比较普遍,人们想当然地认为"世界"等于"宇宙"或"地球"、"世界观"等于"观世界",这既是资本主义和社会主义阵营划分而导致的市场假象,也是由于中文读者习惯于字面义项解释从而误用了哲学专名。类似的现象还有中文读者对"乌托邦"、"辩证法"等专名的误用。

1. 世界观的两种义项

要说清楚中文语境中国的"世界观"是什么,先要了解中文语境中的"世界"是什么。

中文语境下的"世界"是一个多义项的词,原本它应当与我们所理解的"家"相对来表示"家外即是世界"的意思,但二者并没有那么大的区别相反在内涵和功用上相似度还颇高。"世界"可以表示地理位置意义上的所有国家、也可以表示人所处的环境或制度、或者芸芸众生、或者是人自身的意识构镜。对应的"世界观"也有几层意思,这个词肯定不能从字面简单解读为"观地球"或"观宇宙"。原始佛经即印度翻译过来那一批经典,实则就是一整套"世界观"的学说,虽然佛教经典名为明确说过"世界观"是什么。由于我们哲学内向型的特质,佛学与儒

---

① 〔希腊〕娜希亚·雅克瓦基:《欧洲由希腊走来:欧洲自我意识的转折点,17 至 18 世纪》,刘瑞洪 译,花城出版社 2012 年,第 26 页。

学合流之后,世界观逐渐被理解为了人生观,除禅宗的认识论之外。

　　提及"世界"的佛教经典很多,明确"世界"为何则主要来源于《楞严经》,其中卷四有云:"阿难,云何名为众生世界? 世为迁流,界为方位。汝今当知东、西、南、北、东南、西南、东北、西北、上、下为界,过去、未来、现在为世,方位有十,流数有三。一切众生织妄相成,身中贸迁,世界相涉。而此界性设虽十方定位可明,世间只目东西南北,上下无位,中无定方,四数必明,与世相涉,三四四三宛转十二。流变三叠,一十百千,总括始终,六根之中,各各功德有千二百[①]这段话的意思是所谓"众生世界"中的"世"指的是时间的迁徙流转,笼统地说就是包括"过去、未来、现在"的三个实则是就是全部时间段;"界"为方向或位置,包括了"东、西、南、北、东南、西南、东北、西北、上、下"十个维度。简言之,"十方三世"就是"世界",如《华严经》所说"如是,尽法界、虚空界,十方三世,微细无碍,广大光明,佛眼所见、佛力能到、佛身所现一切国土,及此国土所有微尘,一一尘中有世界海微尘数佛刹,一刹中有世界海微尘数诸佛,一佛前有世界海微尘数普贤菩萨,皆亦入此一切诸佛毗卢遮那如来藏身三昧。"(大方广佛华严经卷第七)众生即是生活在此时空之中,"世"与"界"彼此交融不可分割。后半段的意思,按照南怀瑾的理解就是,一切众生身心都是世间妄相交织而成,身在时空中往来流转,受时间与空间相互涉入。这个空间虽然设有十种方位,但只用的定位是东西南北,上下无固定,中间也是相对的(东南、西南、东北、西北是根据东西南北定的),空间中可以明确的是东南西北四种方位,与时间相关涉,三世乘以四界与四界乘以三世都是十二。佛给自己预留了上世界即"法界"和虚空界(虚实相加的意识图景)。

　　那如何看世界呢?《楞严经》又说:"水势劣火,结为高山,是故山石,击则成焰,融则成水。土势劣水,抽成草木,是故林薮。遇烧成土,因绞成水。交妄发生,递相为种,以是因缘,世界相续。"这里解释了本性产生世界的过程。如来藏原本清净无为,它之所以产生山河大地等各种现象,是因为它明极而生妄觉妄

---

① 《楞严经》卷四。冯国超主编,楞严经,吉林人民出版社2005年,第110页。

动。各种妄动的对立统一引起尘劳烦恼而形成世界。佛还详细解说了空、风、金、火、水、土、木等各种物质本能,这些物质本能交互作用,互为因缘,因而物质世界便不断地延续①也即,需要用一种辩证的法则去看待众生生活于其中的"十方三世",要看到万物之间相生相克的本质。

我国现行世界观理解另一个主要来源是马克思主义,从社会主义国家视角来看是马克思主义世界观体系。它成型于 1877－1878 年,马克思主义世界观就其原本名字而言指的是"共产主义世界观",恩格斯赋予其初始内涵相当于用唯物辩证法解读人类社会历史规律。在恩格斯《反杜林论》发表之后,人们才开始谈论一种关于无产阶级动的"共产主义世界观",即马克思主义世界观。从恩格斯表达的意思来看,马克思主义世界观内涵是偏向于历史唯物主义的,即它主要讲述的内容是一个人类社会形态从原始社会演变为共产主义社会的故事,只是讲故事的方式是辩证唯物主义的②自诞生起至今,马克思主义世界观核心拼图未变,但其原本的解释模式发生了一些变化即由原来的对史学视角转换成为对人生修养的视角。

我们主要从词源学的角度去考察自康德肇始的 Weltanschaung 一词内涵是如何从"对世界的直观"发展到当代中国"人生观"的。

世界观成为哲学专名并形成学术道统是 18 世纪之后的事,它首先是一个德语概念,弗洛伊德就是这样认为的。康德在其《判断力批判》一书当中创造性地提出了"世界观",此后该概念很快就演化为一个思想范畴,用以标志人类感知的现象世界。随后的费希特、谢林和黑格尔都沿袭并发展了康德"世界观"的内涵,并对其内涵做了一些细微的修改。

黑格尔之后的德国哲学界由于 19 世纪自然科学的发展而逐渐建立起一种以"物质决定意识"为根基的思维方式,马克思主义世界观同样是诞生在牛顿世

---

① 《楞严经》卷四。冯国超主编,楞严经,吉林人民出版社 2005 年,第 95 页。
② 黎学军:《马克思主义世界观内涵及其起源》,《马克思主义与现实》2016(5)。

界观成为彼时欧洲主要国家常识之后的事,其中到底接受了多少影响,从马克思博士论文可以窥知一二。在青年马克思的眼里,一个原子就是一个世界。他指出:原子是纯粹独立的物体,或者不如说是被设想为像天体那样的有绝对独立性的物体。马克思是站在原子核上睁眼看"世界",他的视线顺着古希腊原子论争论的管道聚焦到原子世界中,思考的过程中涉及了原子世界的概貌、原子(本质)与现象是否有同一性、原子的运动是直线还是有偏斜等三个块面,即关于世界是什么、世界可知性、世界的必然性与自由关系三者。马克思由小及大对世界或宇宙的看法与其成熟期的看法有了相近的观点:世界是无限的原子与虚空组成的,它是可以认知的,它的必然性与自由并存。建立了原子世界的初步认识之后,马克思随后从无人的世界开始逐渐走向了人潮汹涌的属人世界。

从马克思到列宁,马克思主义世界观第一次出现了语义变化,苏联到中国出现了第二次语义变化,无产阶级生存环境的变化是其主因,无产阶级政党在不同历史时期灵活应用了马克思主义世界观及其内涵。

马克思主义传入中国有两个主要途径,目前并无太多文本根据表明中文翻译者在翻译"世界观"时受到那个途径的影响更大一些。俄语词 мировоззрение 有"世界观"、"宇宙观"的意思,到了苏联人哪里,马克思主义世界观、马克思主义哲学、社会主义国家意识形态体系三者成了同一样东西[1]"世界观"逐渐过渡成为科学的"政权观",列宁所说的"马克思主义者认为无产阶级在夺得政权之后,必须彻底破坏旧的国家机器,用新的由武装工人组织组成的公社式的国家机器来代替它"[2]从一个侧面说明了马克思主义世界观解释模式的第一次变化,即由历史观转化为了对政权的关注:它更关注国家政权,而不是宇宙运行机理。它也关注一个一个的人,但它更关注一群人与另一群人的经济政治关系。

马克思主义传入中国的另一个重要途径是日本,日本人对"世界观"的翻译

---

① 黎学军:《马克思主义世界观的起源与内涵》,《马克思主义与现实》2016(5)。
② 《列宁选集》第 3 卷,人民出版社 1972 年,第 269 页。

对我国影响很大，或者说翻译的时候我们可能既取了俄语义，也取了日语义。日语"世界观"的用法更多时候指的就是人生观，这对同属儒学文化圈的中文世界观用法影响明显。井上哲次郎《哲学辞典》[①]"世界"在日语里原来也是一个佛教词汇，表示的是有情、无情之众生，井上把"世界"对应"world"，可以说有佛教里面"众生"（衆生）的意味，总的来说他就是想统合古典哲学、现象学和东方学。关于"世界观"，他在1894年写了一本『我世界観の一塵』（《我世界观的一尘》），这个"我"应该不是指"我自己"那个第一人称，应该是大写的"我"，有人类的意思。井上的翻译最大的贡献在"观"这个字，现在"某某观"应该是从他的"人生观"这个翻译来的，他把佛教里"观"这个字与"schauung"对应起来，"观"就有了内观、思想（内観）的意味。同为儒学文化圈的日本人对"世界观"的理解显然更贴近我国传统文化一些，这使得我们的"世界观"的主流内涵呈现出两种主要色彩：它既是"政权观"也是"人生观"。

在中文版马克思主义经典著作语境下的"世界观"有过语义的转折，引进之初的语义指的是"人类社会历史发展规律"，到中国共产党成立之初因袭苏联人提法语义转换成了"政权观"，延安时期随着我们党自我意识的增强转换为了"人生观"。

在李大钊笔下，"世界"是一个多义词，他曾说："我们现在所要求的，是个解放自由的我，和一个人人相爱的世界。介在我与世界中间的家国、阶级、族界，都是进化的障碍、生活的烦累，应该逐渐废除。"[②]这里的"世界"指的不是地理意义上的全球，而是一种美好的社会制度。在李大钊笔下，"世界观"刚开始指的是"唯物历史观"，随后循古例转化为"人生观"。李大钊指出："因为马氏述其历史观，却关联历史和社会。原来纵观人间的过去者便是历史，横观人间的现在者便

---

① 井上哲次郎：《哲学字彙》，東京大学三学部，1881。

② 李大钊：《李大钊文集》（上），人民出版社1984年，第23页。

是社会。"①他据此推导出新历史观即是新人生观的结论,他说道:

> 有了这种新的历史观,便可以得到一种新的人生观。前人以为人只靠天、靠圣贤豪杰,因此不见圣贤出来,便要发出"前不见古人,后不见来者,念天地之悠悠,独怆然而涕下"的叹声;因此生逢衰乱的时代,便发出"昊天不吊"或"我生不辰"的叹声。在此等叹声中,可以寻知那知天认命的历史观影响人们的人生观怎样大了。现在人们把历史观改变了,这种悲观、任运、消极、听天的人生观,也自然跟着去掉;而此新的历史观,却给我们新鲜的勇气,给我们乐观迈进的人生观②

这也是我们把"世界"理解为"主观世界"把"世界观"首要的指认为"人生观"的肇始,这应该是以中国思维方式改造外来理论的一个案例。

刘少奇主要在"人生观"的意义上使用"世界观"这个词,他说:"我们的同志只要真正有决心,真正自觉地始终站在无产阶级先锋战士的岗位,真正具有共产主义的世界观,并且始终不脱离当前无产阶级和一切劳动群众的伟大而深刻的革命运动,努力学习、锻炼和修养"③,他认为唯有如此,才能培养像马克思、列宁那样的作风。他又指出共产主义世界观就是中国共产党人的方法论,他说道:"人的言论行动,都是有人的思想意识来做指导的。而人的思想意识又常常和他的世界观分不开的。我们共产党员的世界观,只能是共产主义的世界观。这种世界观是无产阶级的思想体系,也就是我们共产党人的方法论。"④实际上也就是我们做人做事的指导原则。

在毛泽东的笔下,"世界"也是一个多义词,大约有"环境"、"制度"、"全球"、"人民或敌人"等意思。各种提法在不同时期的著述中都有所表达,很难用一个

---

① 李大钊:《李大钊文集》(下),人民出版社1984年,第345—346页。

② 李大钊:《李大钊文集》(下),人民出版社1984年,第645页。

③ 刘少奇:《刘少奇选集》(上),人民出版社1981年,第105页。

④ 刘少奇:《刘少奇选集》(上),人民出版社1981年,第122页。

固定的提法来解读毛泽东"世界观"的具体内涵。

作"环境"解的说法有"因为今年以来帝国主义、军阀、封建地主、买办大资产阶级的压迫和剥削,他们感觉现在的世界已经不是从前的世界。"[1]还有"到达了暴露周围世界的内在的矛盾,因而能在周围世界的总体上,在周围世界一切方面的内部联系上去把握周围世界的发展。"[2]

几方面意思都有的说法有:

社会的发展到了今天的时代,正确地认识世界和改造世界的责任,已经历史地落在无产阶级及其政党的肩上。这种根据科学认识而定下来的改造世界的实践过程,在世界、在中国均已到达了一个历史的时节——自有历史以来未曾有过的重大时节,这就是整个儿地推翻世界和中国的黑暗面,把它们转变过来成为前所未有的光明世界。无产阶级和革命人民改造世界的斗争,包括实现下述的任务:改造客观世界,也改造自己的主观世界——改造自己的认识能力,改造主观世界同客观世界的关系。……所谓被改造的客观世界,其中包括了一切反对改造的人们,他们的被改造,须要通过强迫的阶段,然后才能进入自觉的阶段。世界到了全人类都自觉地改造自己和改造世界的时候,那就是世界的共产主义时代。[3]

我们可以看到,"世界"在这段话里有"环境"、"全部国家"、"自身认识能力"三层意思。西方主流范畴的宇宙观也有专门提及,毛泽东在《矛盾论》中提到了宇宙观,他说:

所谓形而上学的或庸俗进化论的宇宙观,就是用孤立的、静止的和片面的观点去看世界。这种宇宙观把世界一切事物,一切事物的形态和种类,都看成是永远彼此孤立和永远不变化的[4]

---

[1] 《毛泽东选集》(第一卷),人民出版社1991年,第5页。

[2] 《毛泽东选集》(第一卷),人民出版社1991年,第286页。

[3] 《毛泽东选集》(第一卷),人民出版社1991年,第296页。

[4] 《毛泽东选集》(第一卷),人民出版社1991年,第301页。

与此相对立的是唯物辩证法的宇宙观：

唯物辩证法的宇宙观主张从事物的内部、从一事物对他事物的关系去研究事物的发展，即把事物的发展看作是事物内部的必然的自己的运动，而每一事物的运动都和它的周围其他事物互相联系着和互相影响着①

这种提法也影响了当下一些人，他们秉此认为"世界观"就是"宇宙观"，就是政治意义的形而上学或唯物辩证法。而更多的人认为政治意义的形而上学或唯物辩证法只是一种方法或观点，毛泽东自己也曾说："这个辩证法的宇宙观，主要地就是教导人们要善于去观察和分析各种事物的矛盾的运动，并根据这种分析，指出解决矛盾的方法。②"由此可以对应地将毛泽东眼中的世界观解读为"阵营观"、"地理观"、"主观观"、"方法观"，具体语义需要具体分析。建国之后发表的《关于正确处理人民内部矛盾》提及的共产主义世界观有人生观的意味，所处环境不同也使得马克思主义世界观内涵发生了变化，这是马克思主义世界观内涵发生的第二次变化，其由苏联人的"政权观"转化为了中文语境的"人生观"，即将物化的共产主义转化为了人之所以为人的一种自我认知。

邓小平笔下的"世界"有时指的是"毛泽东思想"，有时指的是"阶级阵营"。例如，他提到："列宁领导的布尔什维克党是在帝国主义世界的薄弱环节搞革命"③，这里指的是"阵营"之义。又如，他提到："实事求是，是无产阶级世界观的基础，是马克思主义的思想基础。④"这里指的应是"毛泽东思想"，邓小平也曾这样说过："毛泽东思想的基本点就是实事求是，就是把马列主义的普遍原理同中国革命的具体实践相结合。⑤"在邓小平看来，毛泽东思想作为马克思主义在中国的绽放，它就是中国无产阶级的理论"世界"。这与我们当下的提法是一致的，

① 《毛泽东选集》（第一卷），人民出版社1991年，第301页。
② 《毛泽东选集》（第一卷），人民出版社1991年，第304页。
③ 《邓小平文选》（第二卷），人民出版社1994年，第126—127页。
④ 《邓小平文选》（第二卷），人民出版社1994年，第143页。
⑤ 《邓小平文选》（第二卷），人民出版社1994年，第126页。

当代思想就是我们全部的理论"世界"。

综合起来看,中文语境下的"世界观"与"主流意识形态体系"、"人生观"意思相近,或者干脆就是一个意思:人生观,爱社会主义制度是人生必然选择,"每日三省吾身"最重要的内容就是反思自己是否足够热爱这个政权并以此为准则来要求自己的言谈举止,它包括支柱型理论群和理论学科群两部分内容:

支柱型理论:共产主义最美(信仰)、没有中国共产党中国特色社会主义做不好(现实)、共产党是抗战中流砥柱(历史),等等。

理论学科群分为两大块。首先,维护实体的理论群:维护党的理论、维护政府(政府、人大、政协等)的理论、维护公有制的理论,等等。其次,维护理论的理论。科教文卫等等理论属于主流理论维护的二级理论。

但凡任何人质疑这些体系当中的任何一个信念,都会令我们感到厌恶,这就也是所有世界观体系的基本特质之一:我们会奇怪别人为何不那么想,因此,世界观是一种普遍而共同的看法,与朋友们一道置身于那样的时代和那样的社会,他们自然会产生那样的看法①。

我们的世界观信念体系中既有已证实部分,也有正在证实的部分,比如按需分配的共产主义社会。既然我们也处在这样一个宏大的世界观体系之中,我们也有义务不断地去验证自己所确信的哪些信念拼图。

2. 变迁的逻辑

语义的变化来自于物质领域的变化。当出现新的天文学和物理学观念大转变的时候,人类世界观体系随之也会改变其中的核心拼图,非核心拼图或快或慢也将随之改变,它的演变与生产力发展、科学研究突破、阶级状况变化等因素有内在强联系。

---

① Vincent A. McCarthy, The Phenomenology of Moods in Kiekegaard(Boston:MartinusNijhoff,1978),p. 136.

首先,语义的转换,在我们这里被称之为"马克思主义中国化",其最新的成果是习近平新时代中国特色社会主义思想。中国共产党人将马克思主义世界观当中的共产党员修养功用根据中国传统文化中诸如"三省吾身"的思想放大了,以此作为一面镜子要求每一个党员每一天都对着镜子反省自己。

其次,生产力提升的内在需要。生产能力的限制、科研寻求突破、先进阶级证明前面的世界观体系某个拼图有误、修正这个拼图、生产能力取得进展且人们开始围绕这个新的生产方式构建自己的生活,这个链条环环相扣并绵延至今。一个典型的案例是 1978 年以后中国的改革开放,其起点就是对传统马克思主义世界观的新解释。市场经济是一种我们曾经"鄙视"的方式,在当时政治领导人的力推之下逐渐成为我们当下认可的一种新思维方式,它是一种自由选择的权利,每个人都在自身欲望的驱使下使劲地去逐利,都在自身需求的驱使下小心翼翼地去购买。在这样的经济基础之上随之衍生的文化层面的东西,人们通常称之为"市场经济精神"。

再次,自然科学尤其是物理学或天文学的划时代发现,这两门学科直接代表着人类揭开"上帝底牌"的努力。虽然当下信息科学发展迅猛,且对人类生活乃至思维方式产生了重大影响,但归根结底能从根本上动摇旧世界观体系的自然学科仍然是天文学和物理学。

最后,哲学研究划时代转向。当哲学研究由思考宇宙运行之理转向到思考人类社会发展规律特别是马克思将"实践"概念引进到思辨领域之后,他捕捉到了人类社会发展的逻辑,并用数学公式证实了其中的一个核心环节:资本主义必然被社会主义取代的现实性。马克思由这个核心拼图作为辐射点并勾勒了一幅共产主义的世界观最初的样子,其之后在各个社会主义政权中流转变化。

动态地看待一切现成事物或理论是破解世界观市场假象和剧场假象的唯一办法。

我们再次强调,中文语境中世界观语义的变迁归根结底来自于物质架构主要是物质生产的变化,可以说世界观体系转变、生产力进步、社会形态发展、科学进步通常指的是同一件事。历史学家们发现，表达人的倾向、设想和价值观的不同方式，并不像现代学科分类暗示的那样，相互隔绝、独自存在。政治理论、阶级关系、风俗习惯以及社会集团的特性和道德准则表现出本质上的密切关系，这种密切关系有助于确定历史发展的特定阶段①。世界观的改变深刻影响着欧洲人的生活，甚至会改变上帝的地位和作用，被迫因应改变之后的上帝又反过来巩固着同时代世界观的地位，二者相辅相成。例如，当牛顿世界观取代亚里士多德世界观之后，上帝的作用发生了变化。一般情况下，宗教信仰是根深蒂固的，所以，人们不放弃其宗教信仰毫不奇怪。然而，上帝的概念发生了巨大变化。具体地说，上帝开始被看作钟表匠一样的上帝，也就是说，他设计和建设了宇宙，并使宇宙处在运动之中。然后，宇宙就永远地运动下去了，不需要像以前的世界观所说的那样需要持续的干预了，随之而来的变化就是人类社会形态的更迭②。

中西方世界观差异有两方面，形式上在于思维方式是主客二分还是内心反省、内容上在于人类历史是否有规律性，这样的差异性具体表现为中西方的意识形态斗争。世界观体系与意识形态体系具有相似的攻击和防御功能，如果别人说了一个与此不相符的观点，中文读者会觉得至少愣一下，或者更严重的是反感，并在嘴上或心里说："为何你不相信科学呢？"这样的想法在亚里士多德世界观转化为牛顿世界观时间点上，那时候的人们也会有类似的想法。天文学和物理学世界观内涵可能会与唯物辩证法存在差异，人们应尊重差异而不是削足适履，不好的例子的确在苏联理论界存在过。当最新西方科研成果与我们对马克思主义世界观的认知发生暂时性的抵触时，人们应对的态度同样需要能彰显出科学和人文精神。

---

① ［英］J. C. D. 克拉克：《1660—1832年的英国社会》，姜德福 译，商务印书馆2014年，第148页。

② ［美］理查德o德威特：《世界观：科学史与科学哲学导论》，李跃乾 译，电子工业出版社2014年，第179页。

　　新世界观体系代表着未来,代表着人类社会形态的前进方向。马克思主义世界观体系代表着人类前进的方向和发展的目标,因为它集中了人类已知的一切自然科学和哲学的精华。

第二章 马克思主义世界观的起源与内涵

现行马克思主义世界观由恩格斯在《反杜林论》中创立，即马克思主义世界观是恩格斯以辩证唯物主义的方法对历史唯物主义进行的解读并凝练成型的一个总体性框架。它的理论内涵在风行社会主义国家近一个世纪的哲学教科书中并未被明确和完整地表述过，我们认为马克思主义世界观是站在"社－资"对立统一基石之上的无产阶级意识形态体系，马克思主义世界观、马克思主义哲学、无产阶级意识形态体系是一个事物的不同方面，其具有阶级性、科学性和实践性三个主要特征。

我们所说的"马克思主义世界观"指的是散落在马克思著述当中后被恩格斯

在《反杜林论》里提炼并阐释的"共产主义世界观"①，这就是风行社会主义国家近一个世纪的那个马克思主义世界观②一些研究者似乎忽略了这样的划分③将现行马克思主义世界观直接等同于"马克思世界观"。二者之间有一些差异，马克思世界观成型于 1845 年，马克思主义世界观成型于 1877－1878 年，前者是马克思本人看世界的方式，后者首要地是一种"恩格斯眼中的马克思看待世界的方式"，其次是"苏联人看恩格斯眼中的马克思看待世界的方式"并在全世界社会主义国家里广泛传播。这样的划分并非无关紧要的，从恩格斯之"眼"看马克思的视角出发，我们的研究就具有了与前人不一样的色彩。我们不再纠结于马克思什么时候建立了自己的世界观、他的世界观在哪部著述中达到了科学的高度等等"问题"，我们要探讨的是恩格斯是如何总结和提炼了马克思看世界的方式并赋予了它什么样的特征。

　　不管是苏联的还是我国的马克思主义哲学体系教科书始终没有对马克思主义世界观的内涵做出具体的表述，它们只是笼统地说"哲学是系统化、理论化的世界观，是以总体方式把握世界以及人和世界关系的理论体系。"④带上了"总体"这个理论标签之后，人们往往想当然地认为马克思主义世界观就是整个马克思主义哲学的内容抑或单指辩证唯物主义部分的内容，这就使得它的理论内核一直混沌未开，难以灵活回应不同时代的各色质疑。质疑的声音主要来自西方马克思主义和社会主义国家个别学者，大约有恩格斯对马克思主义世界观解读的合法性、是否存在"本真马克思主义世界观"、马克思主义世界观是否客体决定论、青年马克思对人性的关怀是否是"不科学"等等几个方面。回应这些疑问，我

---

　　①　《马克思恩格斯选集》第 2 版第 3 卷第 347 页。

　　②　马克思世界观就是恩格斯"眼"中的马克思世界观，全文都是如此用法，不再特别注明。

　　③　类似的研究有，杨仁忠 2011，理论探讨)、孙旭武(2014，北方论丛)、杨耕(1996，北京社会科学)，等。

　　④　李秀林：《辩证唯物主义和历史唯物主义》，中国人民大学出版社 1995 年版第 2 页。

们就必须要对恩格斯创立马克思主义世界观的理论历程进行梳理和解读。

一、马克思主义世界观的内涵

马克思主义世界观的理论形态起源于恩格斯的《反杜林论》1877—1878年,载于莱比锡的《前进报》),该文发表之后,人们才开始谈论一种关于无产阶级运动的"共产主义世界观",即马克思主义世界观。

恩格斯制定马克思主义世界观的最初目的有两个,一个是为了统一德国社会党思想从而避免它走向分裂,即借助科学的排他性特征将杜林学说挡在了德国社会党大门之外。恩格斯对此是直言不讳的"为了不在如此年轻的、不久才最终统一起来的党内造成派别分裂和混乱局面的新的可能,这样做是完全必要的。"①为达到团结无产阶级和批判资产阶级的意识形态式的目的,马克思主义世界观的表述方式必须是简洁有力且赋予一种科学理论的色彩。制定马克思主义世界观的另一个目的是与 19 世纪欧洲社会革命息息相关,随着历史的演进以及无产阶级斗争的日益明显,无产阶级的理论家就不需要"在自己头脑里找寻科学了;他们只要注意眼前发生的事情,并且把这些事情表达出来就行了。"②恩格斯明确指认,社会政治史是所有专门史学中最重要的一个 没有之一)——人类社会的一切都必须围绕政治旋转,一切事务都要围绕着社会革命的早日爆发展开。他指出:"在一切历史变动中,最重要的、决定全部历史的又是政治变动。"③又如:"社会革命才是真正的革命,政治的和哲学的革命必定通向社会革命。"④而一切政治斗争都是阶级斗争,所以人们紧接着要围绕阶级理念旋转,而一切阶

---

① 《马克思恩格斯选集》第 2 版第 3 卷第 343 页。
② 《马克思恩格斯选集》第 2 版第 1 卷 155 页。
③ 《马克思恩格斯选集》第 2 版第 3 卷第 334 页。
④ 《马克思恩格斯选集》第 2 版第 1 卷第 17 页。

级斗争"归根到底都是围绕着经济解放进行的"①所以归根结底还是为了生活资料的生产及其分配方式。马克思逝世之后,恩格斯在其理论阐述中更突出了社会革命的极端重要性和紧迫性,希望社会革命快一点发生的心情表露无遗。

恩格斯笔下的世界观通常指的是以动态或静止的看物质或精神世界的方式,有时候他也简单地将辩证法直接等同于世界观,他把"一切都存在而又不存在,因为一切都在流动,都在不断地变化,不断地生成和消逝"的观察世界的方式称之为"这种原始的、素朴的、但实质上正确的世界观是古希腊哲学的世界观"②在这个描述中,世界仍然是"空"的,往里面添加上物质之后就是恩格斯想要表达的马克思主义世界观的雏形了。实际上,他就是以辩证法作为工具将唯物史观进行了拆分整合,凝练成了一个总体式的马克思主义世界观,如其所述:"要精确地描绘宇宙、宇宙的发展和人类的发展,以及这种发展在人们头脑中的反映,就只有用辩证的方法,只有不断地注视生成和消逝之间、前进的变化和后退的变化之间的普遍相互作用才能做到。"③恩格斯以此方式将自然界的规律延伸进人类历史进程之后,他就展开了对马克思主义世界观理论形态的构建。

人们不太情愿明确地给出一个言简意赅的关于马克思主义世界观的内涵概括,似乎用手指对着整本马克思主义哲学教科书指一指就完成了对什么是马克思主义世界观的解读。我们可以尝试着给出一个简化的马克思主义世界观的内涵:

世界由有规律的运动物质构成,人类社会亦是。按占有生产资料多寡自觉或不自觉分隔开的人群为了生存须持续进行物质生产实践,由此引发的诸多矛盾推动着人类社会经济形态由低向高发展。资本主义社会及其生产方式是恶的,抱团的无产阶级是资本家掘墓人,人类社会光明终点站是共产主义社会。

---

① 《马克思恩格斯选集》第 2 版第 4 卷第 251 页。
② 《马克思恩格斯选集》第 2 版第 3 卷第 359 页。
③ 《马克思恩格斯选集》第 2 版第 3 卷第 362 页。

　　这个内涵实际上就是我们现行的马克思主义哲学教科书内容的简陋浓缩，这里面是有"人"的，我们认为这才是大致符合恩格斯本意的内涵。这是一个用辩证唯物主义的方法对历史唯物主义进行的解读并凝练成型的一个总体性框架，即"唯物主义历史观及其在现代的无产阶级和资产阶级之间的阶级斗争上的特别应用，只有借助于辩证法才有可能"①后世对辩证唯物主义和历史唯物主义哪一个才是马克思世界观的争论，在我们看来是不必要的。

　　恩格斯对马克思主义世界观的提炼并非是在《反杜林论》中一蹴而就的，在它前后一系列著述中已多有铺垫和解读。恩格斯写于与《反杜林论》同时期的著述《卡尔·马克思》中以较大篇幅描述了马克思世界观，他说道："现在马克思则证明，至今的全部历史都是阶级斗争的历史，在全部纷繁复杂的政治斗争中，问题的中心仅仅是社会阶级的社会的和政治的统治，即旧的阶级要保持统治，新兴的阶级要争得统治。可是，这些阶级又是由于什么而产生和存在的呢？是由于当时存在的粗鄙的物质条件，即各该时代社会借以生产和交换必要生活资料的那些条件。"②还有"社会生产力已经发展到资产阶级不能控制的程度，只等待联合起来的无产阶级去掌握它，以便确立这样一种状态，这时社会的每一成员不仅有可能参加社会财富的生产，而且有可能参加社会财富的分配和管理，并通过有计划地组织全部生产，使社会生产力及其成果不断增长，足以保证每个人的一切合理的需要在越来越大的程度上得到满足。"③这与《反杜林论》当中构建的更为完整的马克思主义世界观形成了相互呼应的关系。此后的《共产党宣言·1883年德文版序言》、《共产党宣言·1888年英文版序言》、《法兰西内战·1891年单行本导言》、《恩格斯致瓦·博尔吉乌斯》等等著述中都再次重复了类似观点。

　　恩格斯在《反杜林论》中对马克思主义世界观的建构途径可描述为："物质"

　　① 《马克思恩格斯选集》第 2 版第 3 卷第 691—692 页。
　　② 《马克思恩格斯选集》第 2 版第 3 卷第 334—335 页。
　　③ 《马克思恩格斯选集》第 2 版第 3 卷第 336 页。

这个"一"是万事万物的根据,"无产阶级"这个"一"是社会革命的根据,只有他们能通过"社会革命"这个现实的"一",推动人类社会一步一步走向发展的终点站的那个"一"——共产主义社会。马克思主义世界观整个系统就是由这些既自成体系、又互为条件的"一"所组成,这些精炼的概念群为社会主义革命指明了方向并提供了快速传播的工具,同时又满足了无产阶级及其政党在现实生活中对思想和行动集体性方面提出的需求。

马克思主义世界观中诸多的"一"实际上隐含着一个意思:一个原因对应一个结果,且只能有一个。"客观物质世界——物质有固定属性——物性有确定表现",一种性质在一定条件下只有一种表现形态,物质不能有"自由意志"和"本质上的偶然性。"①人类社会是物质的,所以必须遵循与自然界一样的规律,而哲学家将它总结出来即可,这种规律只有一个,所以无论谁总结,它都必须是同一个样子。生活丰富多彩,但正确的价值观只有一个,异质性概念必然会趋向于同一。恩格斯借助于唯物辩证法的进化理论消解了自然与人类历史的差异,他说:"辩证法不过是关于自然、人类社会和思维的运动和发展的普遍规律的科学"②且"适用于自然界的,同样适用于社会历史的一切部门和研究人类的(和神的)事物的一切科学"③与此相适应,人类历史进程在无产阶级的集体行动中达到自身这一个决定的辩证转变,他们必将会被齐一化④"一"肯定是个抽象,史学家们必须从诸多动力中追溯到历史的动因⑤也就是找到一个不能继续追问的"一",这个"一"也被恩格斯赋予了自然科学的色彩,由此它具有像自然科学一样的了排他性、可验证性等一系列性质。

---

① 维之:《因果关系研究》,长征出版社 2002 年版第 367 页。
② 《马克思恩格斯选集》第 2 版第 3 卷第 484 页。
③ 《马克思恩格斯选集》第 2 版第 4 卷第 246 页。
④ [德]费彻尔:《马克思与马克思主义:从经济学批判到世界观》,赵玉兰译,北京师范大学出版社 2009 年版第 183 页。
⑤ 《马克思恩格斯选集》第 2 版第 4 卷第 248 页。

随后,苏联人结合其历史传统和20世纪初全球政治现实"接着讲",苏联人并没有增加或减少太多的东西,他们只是把恩格斯阐释的马克思主义世界观升华为社会主义国家的全民信仰而已。他们在有用性的推动下给马克思主义世界观注入了政治意义上的党性元素,其目的就是俄国工人运动的整齐划一、对布尔什维克党的革命行动施加具有影响力的信念、对自身科学的世界观优越于所有与之相竞争的意识形态的确信不疑和在此基础上进行统治的领导集团的绝对信任①马克思主义世界观、马克思主义哲学、社会主义国家意识形态体系三者实际上是一个事物的不同方面。苏联人在20世纪30年代开始的提炼马克思主义哲学基本原理的理论进程中最主要的著述就是恩格斯的《反杜林论》及其相关著述,在反复探讨打磨之后苏联人将马克思主义哲学教科书编撰了出来并以此为基础建立了无产阶级意识形态体系盾牌,马克思主义世界观由此也被固化成为苏联全体人民应该具有的看世界的方式,现实生活中人们往往只记住了它的两个方面:看资本主义世界要憎恨、看社会主义世界要喜爱。

阿尔都塞也曾经试图把马克思从黑格尔学生的色彩去掉,进而塑造一个科学马克思的形象,但真正将马克思主义世界观塑形使之成为无产阶级执政党意识形态盾牌的则是列宁。列宁将马克思主义世界观指认为是"科学"并大力弘扬,他指出:

自从《资本论》问世以来,唯物主义历史观已经不是假设,而是科学地证明了的原理。在我们还没有看见另一种科学地解释某种社会形态(正是社会形态,而不是什么国家或民族甚至阶级等等的生活方式)的活动和发展的尝试以前,没有看见另一种像唯物主义那样能把"有关事实"整理得井然有序,能对某一社会形态作出严格的科学解释并给以生动描绘的尝试以前,唯物主义历史观始终像社会科学的同义词。唯物主义并不像米海洛夫斯基先生所想的那样,"多半是科学

---

① [德]费彻尔:《马克思与马克思主义:从经济学批判到世界观》,赵玉兰译,北京师范大学出版社2009年版第169页。

的历史观",而是唯一科学的历史观。①

这不仅因为马克思主义世界观的确反映了自然界和人类社会发展的规律,而且列宁其中也有管理社会主义苏联的考虑,即通过这一个不允许追问的理论体系来教化苏联执政党和苏联大众,以此达到团结全党全苏联人民的目的。在列宁根据时代条件再诠释的马克思主义世界观体系里,他使用了"科学"的排他性特征使得布尔什维克政党的地位成为俄国民众唯一正确的选择方式,列宁将其独特的认识论贯彻到了政治领域,使得布尔什维克党透过马克思主义世界观取得了执政的合法性。

我们可以看到,恩格斯和列宁对马克思主义世界观的诠释是在不同时代精神之下发生的,因此也呈现出稍微不同的色彩。恩格斯将马克思主义世界观从马克思原著中提炼了出来,作为与后马克思时代的论敌对战的理论工具、统一德国社会党思想的理论武器,其理论色彩浓厚。而列宁在成为苏俄最高统帅之后对马克思主义世界观的诠释则主要从意识形态灌输的视角展开的,行政指令性更强。

二、从马克思世界观到马克思主义世界观的演变历程

至少经历了三个阶段:青年马克思世界观、成熟马克思世界观、马克思世界观演变为马克思主义世界观。

1. 青年马克思世界观

青年马克思在自己的博士论文里勾勒了一幅原子世界的模型,这是他对世界最初的系统的看法,此时的他认为一个原子就是一个世界。

在马克思笔下的德谟克利特和伊壁鸠鲁二人对原子理论有不同的看法,但

---

① 《列宁全集》第 2 版第 1 卷第 112 页。

马克思认为二者理论也有一些共同点。一个原子即是一个世界,德谟克利特显然是同意这个观点的,他曾提及:"有些人把某种不可毁坏的、极小的、数目上无限的微粒叫作原子并且承认有某种无限的空的空间,他們说这些子在虚空中任意移动着,而由于它們那种急剧的、凌乱的逞动就彼此碰撞了,并且,在彼此碰在一想时因为有各种各样的形状就彼此勾结起来了。这样就形成了世界及其中的事物;或毋宁說形成了无数的世界。"①伊壁鸠鲁也有类似的猜测"原子可能是和世界一样大的。"②以此模型来构思世界的物质起因、空间、时间、世间纷繁复杂的现象等等,古希腊的留基波、德谟克利特和伊壁鸠鲁都有类似尝试,马克思在其博士论文中也勾勒了一幅自己心目中的原子世界:原子的本质与存在的关系、原子与虚空的关系、原子与其他原子的关系等几个方面构筑了自己心目中的世界。

首先,世界是原子理念的投射,马克思接受了黑格尔绝对理念论,并把它应用到了原子世界当中。他说道:"抽象的个别性知有从那个与它相对立的定在中抽象出来,才能实现它的概念——它的形式规定、纯粹的自为存在、不依赖于直接定在的独立性、一切相对性的扬弃。须知为了真正克服这种定在,抽象的个别性就应该把它观念化,而这只有普遍性才有可能做到。"③

其次,世界是无限的,不仅仅世界无限大,且不止一个世界。原因都在于原子和虚空的无限。马克思认为"无限"是一种规定性,即规定"与在自身中被规定的和为它自己所规定的原子相对立的无边无际的虚空",这种原子与虚空组成的世界具有两个特点:其一,"无限"表示原子和虚空共同具有的一种质。在这个意义上它表示宇宙的无限性,宇宙之所以无限,是由于原子无限多,由于虚空无限

① 北京大学哲学系,外国哲学史教研室:《西方古典哲学原著选择 古希腊罗马哲学》,北京:生活·记者·新知三联书店 1957 年,第 99 页。

② 北京大学哲学系,外国哲学史教研室:《西方古典哲学原著选择 古希腊罗马哲学》,北京:生活·记者·新知三联书店 1957 年,第 99 页。

③ 《马克思恩格斯全集》1 卷,北京:人民出版社 1995 年,第 35 页。

大。其二,无限性是指原子的众多,所以,与虚空相对立的不是一个原子,而是无限多的原子。①

此时的马克思尚未形成自己对人与社会的系统看法。随后的《论犹太民族问题》(1843),《1844 年经济和哲学手稿》1844 年)则奠定了马克思对人与社会的看法。

2. 从马克思世界观到马克思主义世界观

我们所说的"马克思主义世界观"指的是散落在马克思著述当中后被恩格斯在《反杜林论》里提炼并阐释的"共产主义世界观"②这就是风行社会主义国家近一个世纪的那个马克思主义世界观③。

马克思主义世界观的理论形态起源于恩格斯的《反杜林论》(1877－1878年,载于莱比锡的《前进报》),据恩格斯自述,他制定马克思主义世界观的最初目的之一是为了避免统一德国社会党思想分裂,他对此是直言不讳的:"为了不在如此年轻的、不久才最终统一起来的党内造成派别分裂和混乱局面的新的可能,这样做是完全必要的。"④目的之二是给彼时风起云涌的欧洲工人运动提供一整套简洁有力的斗争指引。

恩格斯对马克思主义世界观的提法有过变化,如唯物辩证法是马克思主义世界观:"这种原始的、素朴的、但实质上正确的世界观是古希腊哲学的世界观,而且是由赫拉克利特最先明白地表述出来的:一切都存在而又不存在,因为一切都在流动,都在不断地变化,不断地生成和消逝。"⑤综合的世界观:"顺便指出:

---

① 《马克思恩格斯全集》1 卷,北京:人民出版社 1995 年,第 48 页。

② 《马克思恩格斯选集》第 2 版第 3 卷第 347 页。

③ 马克思世界观就是恩格斯"眼"中的马克思世界观,全文都是如此用法,不再特别注明。

④ 《马克思恩格斯选集》第 2 版第 3 卷第 343 页。

⑤ 《马克思恩格斯文集》第 3 卷,人民出版社 2009 年,第 538－539 页。

本书所阐述的世界观,绝大部分是由马克思确立和阐发的,而只有极小的部分是属于我的,所以,我的这种阐述不可能在他不了解的情况下进行,这在我们之间是不言而喻的。"①有时指辩证唯物主义:"现代唯物主义,否定的否定,不是单纯地恢复旧唯物主义,而是把 2000 年来哲学和自然科学发展的全部思想内容以及这 2000 年的历史本身的全部思想内容加到旧唯物主义的持久性的基础上。这已经根本不再是哲学,而只是世界观,这种世界观不应当在某种特殊的科学的科学中,而应当在各种现实的科学中得到证实和表现出来。"②有时指唯物史观:"可是我在马克思的一本旧笔记中找到了十一条关于费尔巴哈的提纲,现在作为本书附录刊印出来。这是匆匆写成的供以后研究用的笔记,根本没有打算付印。但是它作为包含着新世界观的天才萌芽的第一个文献,是非常宝贵的。"③有时指阶级斗争:"如果其他阶级出身的这种人参加无产阶级运动,那么首先就要求他们不要把资产阶级、小资产阶级等等的偏见的任何残余带进来,而要无条件地掌握无产阶级世界观。"④不同的历史时期、撰写不同文章的需要、不同的辩论对手,这些原因使得恩格斯对马克思主义世界观的解释出现了变化。

随后,有了第一个社会主义国家之后,列宁将它提升为社会主义国家全民必须共同遵循的规范,斯大林则进一步固化了这种规范。列宁认为:"马克思的学说所以万能,就是因为它正确。它十分完备而严整,它给予人们一个决不同任何迷信、任何反对势力、任何为资产阶级压迫所作的辩护相妥协的完整的世界观。"⑤整个马克思世界观是什么,列宁认为是哲学唯物主义、辩证法、唯物主义历史观和阶级斗争的总和⑥这个论断是我国哲学教科书对世界观看法的直接来

---

① 《马克思恩格斯文集》第 9 卷,人民出版社 2009 年,第 11 页。
② 《马克思恩格斯文集》第 9 卷,人民出版社 2009 年,第 146 页。
③ 《马克思恩格斯文集》第 4 卷,人民出版社 2009 年,第 266 页。
④ 《马克思恩格斯文集》第 3 卷,人民出版社 2009 年,第 484 页。
⑤ 列宁:《列宁选集》第 2 卷,人民出版社 1960 年,第 441 页。
⑥ 列宁:《列宁选集》第 2 卷,人民出版社 1960 年,第 580—586 页。

源。到了斯大林这里,世界观的看法发生了一些改变,他认为辩证唯物主义就是马克思主义世界观,唯物史观只是该世界观贯彻到历史领域的应用,这个观点被我国马克思主义哲学界一部分研究者长期沿用。斯大林说道:"辩证唯物主义是马克思列宁主义党的世界观。它所以叫作辩证唯物主义,是因为它对自然界现象的看法、它研究自然界现象的方法、它认识这些现象的方法是辩证的,而它对自然界现象的解释、它对自然界现象的了解、它的理论是唯物主义的。"①在斯大林看来,用唯物辩证法去看世界,即"怎么看"被认定为就是马克思主义世界观。此外,斯大林还将马克思主义世界观的政治层面勾勒了出来,如新生制度必胜、先前看、要做革命者、将阶级斗争进行到底、等等②我们看到了自马克思到斯大林,世界观是如何一步一步地被指定为无产阶级思维和行动规范的。苏联人结合其历史传统和 20 世纪初全球政治现实对马克思主义世界观"接着讲",其理论核心当然是不能动的,但苏联人因为已有了国家基础,所以他们把恩格斯阐释的马克思主义世界观确立为社会主义国家的全民信仰,其目的就是俄国工人运动的整齐划一、对布尔什维克党的革命行动施加具有影响力的信念、对自身科学的世界观优越于所有与之相竞争的意识形态的确信不疑和在此基础上进行统治的领导集团的绝对信任③马克思主义世界观由此也被苏联人逐年固化成为苏联全体人民乃至全世界无产阶级阵营共有的看世界的方式。

从恩格斯到列宁,马克思主义世界观第一次出现了语义变化,苏联到中国出现了第二次语义变化,无产阶级生存环境的变化是其主因,无产阶级政党在不同历史时期灵活应用了马克思主义世界观及其内涵。

---

①　斯大林:《斯大林文选》上卷,人民出版社 1962 年,第 177 页。

②　斯大林:《斯大林文选》上卷,人民出版社 1962 年,第 183—184 页。

③　[德]费彻尔:《马克思与马克思主义:从经济学批判到世界观》,赵玉兰译,北京师范大学出版社 2009 年版第 169 页。

三、马克思主义世界观的特征

阶级性、科学性和实践性是马克思主义世界观最显著的三个特征。阶级性表明它是为无产阶级服务的,科学性则使得它成为无产阶级革命和建设唯一的选择,实践性强调理论对于实践的依赖与反哺关系。

阶级性是马克思主义理论一个显著特征,作为一分子的马克思主义世界观当然也具有这个特征。从某种意义上说,马克思主义世界观是建立在"社－资"对立统一的基础之上的理论体系,从根基上它就具有阶级性的色彩。

马克思对社会人群划分的标准并不是始终如一的,他的标准主要有"有什么生产资料"就是什么样的人、"从事什么职业"就是什么样的人两个,但似乎他更倾向于以"所有制(或分工)"为标准对社会人群进行分层,他指出:

例如,医生和官吏似乎也形成两个阶级,因为他们属于两个不同的社会集团,其中每个集团的成员的收入都来自同一源泉。对于社会分工在工人、资本家和土地所有者中间造成的利益和地位的无止境的划分——例如,土地所有者分成葡萄园所有者,耕地所有者,森林所有者,矿山所有者,渔场所有者——似乎同样也可以这样说。①

在马克思看来,分工和私有制是相等的表达方式,对同一件事情,一个是就活动而言,另一个是就活动的产品而言②。无序的人群被分工这个标准划分出了不同的集团,从此再也不能"超出这个范围:他是一个猎人、渔夫或牧人,或者是一个批判的批判者,只要他不想失去生活资料,他就始终应该是这样的人,"③马克思句中所说的"这个范围",就是我们通常所说的阶级界限。

---

① 《资本论》第 3 卷,人民出版社 2004 年版第 1002 页。
② 《马克思恩格斯选集》第 2 版第 1 卷第 84 页。
③ 《马克思恩格斯选集》第 2 版第 1 卷第 85 页。

　　马克思已勾画了阶级存在的功能、形状的轮廓,但并未详细说明构成阶级的成因是什么。马克思逝世之后,恩格斯的解释主要就集中在"是否剥削"之上,列宁的定义就是传承于此。恩格斯指出,无产阶级是"完全靠出卖自己的劳动而不是靠某一种资本的利润来获得生活资料的社会阶级。"①他在《共产党宣言》中再次强化了这个标准:"资产阶级是指占有社会生产资料并使用雇佣劳动的现代资本家阶级。无产阶级是指没有自己的生产资料、因而不得不靠出卖劳动力来维持生活的现代雇佣工人阶级。"②这些描述就是日后列宁所下的阶级定义的理论基础,即"所谓阶级,就是这样一些大的集团,这些集团在历史上一定的社会生产体系中所处的地位不同,同生产资料的关系(这种关系大部分是在法律上明文规定了的)不同,在社会劳动组织中所起的作用不同,因而取得归自己支配的那份社会财富的方式和多寡也不同。所谓阶级,就是这样一些集团,由于它们在一定社会经济结构中所处的地位不同,其中一个集团能够占有另一个集团的劳动。"③由此可以得出的结论就是,不同人群看待世界、看待人与社会关系的视角必然是迥然不同。由此而形成的该人群的理论和政策都具有了仅属于该人群的色彩,这就是所谓的阶级性。

　　科学性是马克思主义世界观另一个主要特征。德语"科学"(Wissenschaft)一词的现当代意思通常被定义为知识的整体、普遍真实性的总和。它的目标是建立一种受控的寻求真实性的方式,即进行系统性和自主性的理解,运用方法性的引导④。作为德国长长的知识链条当中的重要的一环,青年马克思笔下的"科学"也是一个多义词,归纳起来大约有四种意思:与德国古典哲学相对立的学说、规律性的一般知识、端正了"态度"之后的政治经济学、代表无产阶级及其政党的

　　① 《马克思恩格斯选集》第 2 版第 1 卷第 230 页。

　　② 《马克思恩格斯选集》第 2 版第 1 卷第 272 页注释 1。

　　③ 《列宁全集》第 2 版第 37 卷第 13 页。

　　④ [德]斯特凡·约尔丹:《历史科学基本概念辞典》,孟钟捷译,北京大学出版社 2012 年版第 102 页。

各种学说。从马克思恩格斯著述的整体印象来看，自然科学式的、为无产阶级服务的、实践反映在理论之上的知识系统，这就是他们对科学的理解[①]

。这个特征不仅体现在理论与现实的一一对应关系上，即恩格斯正确地将物质世界及其运动规律进行了提炼，而且马克思主义世界观自身内部诸要素之间彼此互相联系构成一个统一的整体。我们可以按照现代科学的一些主要特征来看一看马克思主义世界观是否也具备相似的品质。

马克思主义世界观首先以事实为基础，以物质作为起点来探索世界。其次，它的可验证性通常社会主义建设的持续推进被认为是对自身正确性的验证，所以全世界社会主义阵营都高度重视以现实建设中的典型成就来鼓舞本国民众。再次，它是对物质世界和人类历史规律揭示的结晶。最后，它的创立是服务于人的一种工具和手段。

统一性体现了马克思主义世界观理论体系的一个主要特征，当代科学的一个主要特征是理论总体上如果是科学的，其内部诸要素单独来看也应当是科学的。马克思主义世界观当然也是由一群科学的子系统构成的，诸如生产力与生产关系的基本矛盾是人类社会发展的"一"、阶级的决定因素是"一"等都已历经人类社会发展的检验。

实践性是马克思主义世界观一个非常重要的特征，从理论层面来看，正是有了它的"加盟"自然与人类历史才能联系到了一起，恩格斯才能顺利地将自然规律贯彻到人类社会当中使得马克思主义世界观具有了自然科学相类似的属性。从马克思主义世界观在现实生活中的贯彻和自我修正来看，正是有了它，社会主义国家才能构建起意识形态之盾、才能培育了一代又一代具有正确思维方式的民众。

---

① 黎学军:《青年马克思"历史科学"本义论析》，载《南华大学学报(社会科学版)》2015年第3期。

四、对马克思主义世界观的质疑及其回应

回应各种质疑,也是理论建设的一项重要内容,在这样的回应中,马克思主义世界观也会持续地得到发展和完善,恩格斯提炼的马克思主义世界观同样是在反击杜林的理论进程中得以实现的。理论界各种质疑声很多,有来自西方马克思主义学界的,也有来自苏联东欧和我国个别学者的,归纳起来主要就是两种。

第一个质疑是关于是否存在所谓"本真马克思主义世界观"呢? 这里包含了三个子问题,其一是青年马克思与成熟马克思思想是否有差异,其二是恩格斯的对马克思看世界的方式是否解读正确,其三是马克思主义世界观是否还有认识论的视角。

其一:是否存在两个"马克思"一直有不同看法,即使在我国也是聚讼纷纭、难有定论。这个问题从不同视角会有不同的结论,如果不是在同一套话语体系里面讨论,争议方极难再理论上达成共识。我们认为,青年马克思与成熟马克思的思想肯定有差异,但这是发生在一个人身上的连续过程,不能截然地将一个完整的思想割裂,将一个人连续发展的思想截然分成"青年的"和"成熟的",这本身就不符合辩证法的要求。但如果是区分为"青年马克思思想是非马克思主义的"和"成熟马克思思想是马克思主义的"则有一定的说服力①

其二:马克思与恩格斯的思想存在差异,仅仅可以从自然人的视角来看是正确的,作为无产阶级理论家的他们在马克思主义理论基本点是没有任何的不同。恩格斯说道:"我们的这一世界观,首先在马克思的《哲学的贫困》和《共产党宣言》中问世,经过足足 20 年的潜伏期,到《资本论》出版以后,就越来越迅速地为

---

① 游兆和:《论"两个马克思"概念的实质》,载《清华大学学报(哲学社会科学版)》2016年第 2 期。

日益广泛的各界人士所接受。"①其中的《共产党宣言》就是由马克思恩格斯合著的。恩格斯接着指出：

顺便指出：本书所阐述的世界观，绝大部分是由马克思确立和阐发的，而只有极小的部分是属于我的，所以，我的这部著作不可能在他不了解的情况下完成，这在我们相互之间是不言而喻的。在付印之前，我曾把全部原稿念给他听，而且经济学那一篇的第十章（《〈批判史〉论述》）就是由马克思写的，只是由于外部的原因，我才不得不很遗憾地把它稍加缩短。在各种专业上互相帮助，这早就成了我们的习惯②

如果仅仅看《反杜林论》，恩格斯的这番论述的确是"可疑"的，首先它写于1885年马克思去世两年之后；其次写于1878年马克思在世时候的第一个序言却没有提到相似的意思；再次马克思本人似乎对参与《反杜林论》的写作并没有刻意提及过；最后，马克思对自己与恩格斯之间的区别于交叉关系，他本人并未在任何地方提供详细论述，这样就留给后世无穷的想象。但如果我们回到马克思的《费尔巴哈提纲》、《德意志意识形态》、《共产党宣言》等整个马克思创立科学理论的大背景当中，我们可以很清楚地看到，恩格斯对马克思学说的总结和提炼是准确到位的，并无"矫诏"的嫌疑。

其三：从苏联到我国③一直都有人认为现行马克思主义世界观是一种客体决定论看世界的视角，这类质疑主要集中于一点：它消灭了多样性，并试图将自然与人类政治生活紧密捆绑在一起，事实上的否认了个人在历史上的作用④质疑者认为马克思主义世界观还有一种认识论的视角，即提倡人类中心主义的一种视角。苏联哲学家科普宁曾对马克思主义世界观提出了这样的挑战，他认为，

---

① 《马克思恩格斯选集》第2版第3卷第347页。
② 《马克思恩格斯选集》第2版第3卷第347页。
③ 例如科普宁和高清海，他们的理论观点和人生经历都有一些相似。
④ ［美］特雷尔·卡弗：《马克思与恩格斯：学术思想关系》，姜海波等译，中国人民大学出版社2008年版第70页。

以"从物到人"视角看世界的方式仅仅反映了过去哲学与科学以及科学本身尚未分化时代的状况。科普宁明确肯定了哲学基本问题对于人的问题的从属关系，他认可的世界观是以"人"作为出发点的，即世界观的对象反映的是人和周围的世界的关系，即它的目的是解决处在同所处自然界相互关系及其普遍规律的理解的紧密联系之中的人的问题的世界观，现行马克思主义世界观所蕴含的哲学的基本问题、发展观和历史观等等问题的解决归根到底都必须服从于人及其存在的问题的解决。在苏联，科普宁经常被指责为有认识论倾向。他特别强调哲学的认识论意义①我国的高清海也持类似观点，为此还曾与北京的一些学者有长期的学术争论。

这样的质疑还会持续下去，这也是马克思主义世界观持续获得发展动力的一个重要渠道。

质疑之二，马克思主义世界观几乎不观照公民道德建设层面，存在着一个道德的"空场"。马克思主义世界观内涵的关键词有"物质"、"生产"、"阶级"、"集体"、"共产主义"，其中的确几乎没有关于人与社会的关系、人在社会生活中的道德方面的描述。在这样的视角中民众通常都是一个群体，他们被称之为"人民"或"我们"，"我们"在进入到公有制为根基的社会主义体制之后私德会自然而然地提高到理论预言的水平。由此它也饱受西方马克思主义者的冷嘲热讽："所有的唯物主义理论都使人把所有的人，包括他自己，当作物—也就是说，当作一套预先决定了的反应，与构成一张桌子，或者一把椅子，或者一块石头的那些质地和现象的模式并无二致。我们的目的恰恰是建立一个价值模式的人的王国，有别于物质的世界。"②马克思主义世界观要解决的是无产阶级政党执政合法性的问题，它是一种无产阶级如何看待恶的资本主义与维护自身的领导阶级的方式，

---

① 贾泽林：《苏联当代哲学—(1945—1982)》，人民出版社 1986 年版第 268—269 页。

② ［法］萨特：《萨特哲学论文集》，潘培庆、汤永宽、魏金声等译，安徽文艺出版社 1998 年版第 125 页。

这是一种政治层面的视角,本身是远离民众社会生活的,建国之后几十年间的社会实践的确也呈现出浓重的扬"公"抑"私"特色,全体人民成为"公"人之后如何保持良好社会道德的问题也一直被国人热烈讨论着。我们的生活现实通常给人们这样一种印象:人们紧张地关注着希腊工人罢工、冰岛政府宣告破产等等资本主义世界种种丑事,较少有时间去学习和探讨个人在生活中应该怎样成为一个受人欢迎的公民①、怎样成为一个彬彬有礼的人。

诟病马克思主义世界观缺乏对人性的关怀的指责早已有之,在马克思理论中国传播之初就有了。李大钊针对玄学派关于马克思主义缺乏人生观修养的指责,他在其著述《我的马克思主义观》中指出:

有许多人所以诟病"马克思主义"的缘故,都因为他的学说全把伦理的观念抹杀一切,他那阶级竞争说尤足以使人头痛。但他并不排斥这个人高尚的愿望,他不过认定单是全体分子最普通的伦理特质的平均所反映的道德态度,不能加以影响于那经济上利害相同自觉的团体行动②

《反杜林论》中恩格斯对道德的描述似乎加重了人们的疑虑,他说:"人们自觉地或不自觉地,归根到底总是从他们阶级地位所依据的实际关系中——从他们进行生产和交换的经济关系中,获得自己的伦理观念……对同样的或差不多同样的经济发展阶段来说,道德论必然是或多或少地互相一致的。"③在与杜林的论战中恩格斯将道德与阶级性直接挂钩,社会道德被作为了一种社会意识的历程由此展开了,苏联人将这个观点发展成了道德会随着社会主义国家建设步伐水涨船高,他们对"道德"的官方解释就清楚地表明过这一点:"道德"概念本身的变化路径:"道德是社会意识形式,道德是涵盖了人与人、人与社会关系的行

---

① 公民学教育长期得不到有关部门的重视,长期难以列入中小学通识教育计划之中,这是一件令人非常遗憾的事情。

② 陆学艺、王处辉:《中国社会思想史资料选辑》(民国卷上),广西人民出版社2007年版第40页。

③ 《马克思恩格斯选集》第2版第3卷第434页。

为标准和原则的综合体"(1952 年);"道德是规范性的、非制度性的调节手段"(1973 年);"道德是把握世界的精神—实践方式"(1976 年);"'道德金科玉律'是道德调节的特殊表达"(1979 年);"道德是社会关系的表现和意识的特殊形式"(1997 年)[①]1979 年以前的《苏联大百科全书》明显受到了可能是被误会了的马克思主义世界观的影响,仅仅认为社会道德是一种意识形态,而根据马克思主义基本原理,社会存在发生改变之后,社会意识也会或快或慢地发生改变。这给后世人一种错觉,似乎个人道德是完全与所有制捆绑在一起的,生活在公有制之中的人们必然道德水平很高,而生活在私有制之下的人们必定道德败坏。

我们对此质疑的回应是,社会道德水平是归根结底式地与所有制挂钩的,它在社会主义建设的不同时期都需要不同的建设措施,社会主义国家执政党一直致力于改善社会道德生态且已做出了巨大的努力。社会主义国家在过去某个特殊年代的看法是一种误解,本身不具备长期有效性。

五、历史的回响

马克思主义世界观在适合自己的环境中,对民众政治教化和道德规范都起到了很大的作用,它的历史功绩是有目共睹的。它与其配套的哲学教科书体系成功地为全世界的无产阶级勾画了一幅共产主义的美好图景,并奠定了社会主义国家民众看待世界、看待人生的思维方式和生活方式,这样的思维方式和生活方式已具体地表现在社会主义国家民众的人伦日常之中了,它为维护社会主义政权起到了无可替代的作用。

在社会主义国家进一个世纪的发展历程中,对马克思主义世界观的质疑,可以说是马克思离开我们越久,质疑声越多,这对于任何一个思想大家来说身后都

---

① 武卉昕:《从道德概念演化看苏俄社会道德价值观变迁》[J],载《学术交流》2015 年第10 期。

有类似的故事。回应质疑需要不断地发展理论，这也是马克思主义应有之义。

我们也要注意区分马克思主义世界观当中一些基础性的规定，比如"归根结底"的帽子，不宜直接戴在色彩缤纷的现实的"头"上，恩格斯从未否认现实的纷繁复杂："说经济因素是唯一决定性的因素，那么他就是把这个命题变成毫无内容的、抽象的、荒诞无稽的空话。"[①]微观层面的个人道德建设，我们也可以适当地引进一些儒学优秀传统，使得马克思主义世界观能更好地渗透到普通民众的人伦日常当中，这当然也是一件好事。事实上 21 世纪之后的大陆一部分民众，仍然拿着民国时期的通识教育读本给自己孩子看，其中的修身（仁义礼智信、温良恭俭让、大让小、男让女，等等）教育居然令我们有耳目一新的感觉[②]当下似乎已自上而下的达成了一项共识，即强调自我反省、个人道德建设的儒学世界观也可以成为中小学通识教育的辅助部分，"家"、"修身"等儒学世界观概念也可以成为中小学生的必修课程。习近平总书记在其系列讲话中经常性地提到弘扬中华传统优秀文化，其用意是非常明显的。

---

① 《马克思恩格斯选集》第 2 版第 4 卷第 696 页。

② http://bbs.tiexue.net/post2_8235118_1.html，《1949 年前的民国小学课本人文教育让国人震撼》，载铁血网。

第三章 马克思主义世界观的苏联阶段

政治的主体是人,人的行为是由心理直接支配的。不同的政治心理必然导出不同的政治行为,从而影响政治制度和体制,影响政治变革。纵观人类政治史,在某些莫名其妙的政治现象和政治事件背后,都可以找到深层的政治心理解释。俄罗斯精神所具有的矛盾性和复杂性可能与下列情况有关,即东方与西方两股世界历史之流在俄罗斯发生碰撞,俄罗斯处在二者的相互作用之中。纵观人类政治史,在某些莫名其妙的政治现象和政治事件背后,都可以找到深层的政治心理解释。要理解俄罗斯纷繁复杂的政治现象背后的原因,就不应该绕过民族政治心理这个问题。这样的分析将对我们分析俄罗斯的过去和展望未来有一定的借鉴意义。

对苏联的情况必须坚持科学的马克思主义观点,特别是要放在社会主义发展史、百年未有之大变局的视野中去评析。以一种正确的历史视野去看待苏联的一些情况,就会发现这些情况只是社会主义国家发展历程中的非主流、非必然的偶发案例,且可以通过马克思主义理论去自我纠正的情况。

一、俄罗斯民族世界观的心理因素

政治的主体是人,人的行为是由心理直接支配的。不同的政治心理必然导出不同的政治行为,从而影响政治制度和体制,影响政治变革。政治心理学作为一门独立学科,具有区别于其他学科的独特的研究对象和内容。从事政治心理学研究的既有政治哲学家,也有心理学家,还有从事实际政治活动的职业政治家等,他们的研究的出发点、态度、注重的方面也就不尽一致。因此,对于政治心理学的研究对象,目前仍然众说纷纭,没有一个统一的看法。一般认为,所谓政治心理学就是"研究个体与群体的心理过程与政治过程相互作用的科学。"[①]心理过程的提法仍比较笼统,我们认为所谓政治心理学应该是特指研究个人或群体的潜意识与政治过程的交互作用。在我们内心所经历的大都是潜意识活动,潜意识是心理深层的基础和人类活动的内驱力(drives),它决定着全部有意识的生活,甚至个人和整个民族的命运。我们研究的是作为一个整体的俄罗斯民族政治心理,毕竟个体介入了一个已获得"心理群体"(Psychological group)这一特征的人的集合体后情况发生了很大的变化。在川流不息的心智经历中,要严格区别理性推理和非理性推理是困难的,但是人据以形成其政治见解的许多半无意识过程是非理性的,这一点却是清楚的。纵观人类政治史,在某些莫名其妙的政治现象和政治事件背后,都可以找到深层的政治心理解释。我们所研究的俄罗斯民族传统国民政治心理,是指俄罗斯进入文明社会直到 1917 年十月革命前这一漫长的历史时期内所形成的奴隶社会、封建社会专制赖以生成、发展和运

---

①　刘松阳、刘锋:《政治心理学》,郑州:河南人民出版社 1991 年,第 12 页。

行的政治心理。俄罗斯民族在历史长河中建立了别具特色的政治体制,即使是现在,俄罗斯所发生的政治事件也具有十分鲜明的民族特点。因此,要理解纷繁复杂的政治现象背后的原因,就不应该绕过民族政治心理这个问题。对于我们感兴趣的心理现象,我们可能会经常问自己:它是什么原因引起的? 为什么会这样发生? 我们之所以问自己这些问题,是因为我们相信确实存在有答案。从心理方面了解政治,这对于彻底地弄清楚政府机构的作用是至关重要的。这样的分析是有理论根据的,并可能对我们分析俄罗斯的过去和展望未来有一定的借鉴意义。

1.“村社”社会

政治心理学研究者必须读历史,特别是发生在刚刚过去的那段时间、很可能影响他将在其中工作的一代人的那些事件和思维习惯的历史。现在俄罗斯所发生一些政治事件,总是有种似曾相识的感觉,似乎曾在俄罗斯历史阶段上发生过的某个事件再次发生了。村社(公社)的社会经济和组织形式从 13 世纪一直延续到 20 世纪 20 年代末(1929 年),一直到苏联政府兴办集体农庄为止,几乎贯穿了整个俄国历史发展过程。家庭—村社—国家,家长—村长—沙皇,在这样的权力链条中可以看出,宗法制原则是维系俄罗斯民族的纽带,而村社则是其中的关键所在。对于绝大多数俄国农民来说,村社是最基本、最重要的社会组织,农民一生几乎都在村社里度过。村社是俄国农民的全部世界,农民从出生到死亡的几乎所有时间,都是在村社中度过的,只有在外出找活干或到城市、市场去的时候,才短期离开村社。他们的意识也深深地打上了村社生活的烙印。所以,不了解村社制度就很难深刻地理解俄罗斯民族政治心理学的特点。

在俄国由原始社会想封建社会过渡的过程之中,东斯拉夫人的社会经济生活取得了比较迅速的发展,促进了父系氏族公社的瓦解,形成了以地域关系为基础的村社(俄文为 Мир,音译“米尔”,意为:世界;和平。村社也写为 Община,意为公社或村社)。这两个俄语词汇中就可以反映出“有了村社就有了一切”,表明俄罗斯民族对村社的热爱。村社是在寒冷森林地带的严酷环境中形成的经济上崇尚自给自足小共同体内部的协作传统,如村社中的劳动组合、共耕地、公共基金等。它是一种自然形成的、以习惯强力为基础的血缘、地缘、宗教缘的集体纽带。在村社中耕地、牧场、森林、水源都作为公共财产,在村社成员中平均分配使用,因此村社生活还带有原始氏族公社的痕迹。村社是国家最基层的行政单位,也是国家现存的规范、观念的传播工具。除了不能组建成建制的军队以外,俄国村社的职能几乎和国家的职能一样丰富而详尽,村社的职能包括行政、经济、税务、文化教育、宗教等等。

在经济方面,耕地是村社全体成员的集体财产,按照平均主义原则,由村社定期重新分配给各家庭使用。当各个家庭的成员变动和土地的平均分配被打破达到显著程度时,村社就要来一次土地重分。这种平均重分土地的做法长期延续下来,随着人口的迅速增加,随之而来的总是村社不断地重新分配各个社员间的土地。此外,村社有权以指导者的身份安排公社内的生产活动和其他经济活动,村社还可凭借权力设置各种障碍以阻止农民因商品经济发展而出现的正常的横向流动,往往把农民外出经商、工作和从事其他社会活动视为越轨行为而予以谴责。在进行农奴制改革时,沙皇政府把村社作为农村的基层行政组织,同时赋予其处理内部事物的自治权,从而使村社具有双重性质和双重功能。作为农民在历史过程中由于共同生活需要而自发形成的民主组织,村社要负责照顾农民的全部生活,保护他们的利益。但作为政府确认的官方组织,村社又是一个行政和警察机构。村社以连环保的形式负责分派和征收国家、地方自治机构以及封建主的货币税;完成国家劳役,接待军队住宿;监督农民按时交纳应付的款项并追缴欠款。村社还负责维持治安,监督村社内部纪律和生活习惯准则的执行,拘捕流浪者、逃亡者和逃兵;当农民由一个村社迁往其他村社时,负责登记、除名和迁徙的有关规则,预防犯罪,拘捕罪犯,进行预审;以罚款、拘禁等方式惩治轻微犯罪的农民;对欠债人实行强迫劳动。此外,村社还依据地方习惯法,审查民事案件,审判在村社内所犯的刑事罪等等。长期的共同生活,自然在村社成员中产生一些公认的"真理（Истина）"，官方的法律对于村社内部事务几乎没有意义，村社中农民的相互作用是由传统的风俗习惯来调节的。1861 年改革虽然使农民有可能获得土地，但农民并不能按照当时在欧洲已经变得很流行的私有财产或独立耕作的原则来支配土地。农民的这些土地一经赎回，就变成为古老的村民会议的集体财产。村社作为一个单位，它能够把一定的土地分配和重新分配给它的成员去耕种，否则就是当作大家的事而对耕作加以监督。总之，村社以符合封建主的经济利益和政治利益为原则对内实行家长式统治，它的一切活动必须符合封建主的意志。

俄国的村社制度长期延续下来，甚至到 19 世纪末 20 世纪初，当世界资本主义急剧向帝国主义过渡的时候，这种封建性的社会组织也依然没有出现被削弱的势头。到 1906 年斯托雷平土地改革时，俄国的土地重分型村社仍是生机勃勃，发挥着重要的作用。俄国的村社制度何以如此长盛不衰呢？究其原因是：首先、村社能给农民提供他们所需的安全感，这不仅仅指的是身体上的安全，还包括财产、心理上的安全感。这些都符合村社内多数人的利益因而获得其支持，所以村社难以从内部被破坏；其次、由于村社符合国家和教会统治的要求，所以国家在法律与行政上，教会在精神上支持村社，村社从外部得到巩固；再次、村社的自闭状态，限制了各等级之间的交往，社会流动水平低，村社的个人社会化过程高度依赖集体；外界消息由于村社的封闭性而难传入其内。所有这些都对以新的活动方式充实村社造成了障碍，使村社的规范与价值体系日趋保守化。在村社这个宗法共同体中，个人是微不足道的，只有集体才有意义。长期处于封闭状态下的农民个性不强，俄国农民的许多重要的、本能的满足均由村社提供，单个农民一般都自愿要求与村社有机地融为一体。就独处的个体来说，个人利益几乎是唯一的驱动力，但就群体而言，这种个人利益几乎微不足道。农民可以参加村社会议并发表自己的意见，但他绝对不能同村社对立。虽然在农民与村社的融合中包含着少数被迫或被强制服从于多数的潜在可能性，但农民把强迫屈从看作是特殊的、不受欢迎的意外事件，因而这种可能性很少成为现实。所以，大多数农民都紧抱着村社不放,甚至不敢想象没有村社自己能否生存。村社是俄国农民的内驱力的重要客体,这个客体得到了心理能量的高度投注(Cathexis)。这就是说,俄国农民对有关村社的思想、表象以及幻想等(即村社在农民心目中的心理代表物)是予以高度关注的。由于村社文化是古代俄罗斯国家文化的基础,由此而产生的一系列俄罗斯政治现象处处充斥着村社思维方式的痕迹。

2.俄罗斯民族的政治心理特点

任何一个民族政治心理都是不断建构的动态平衡过程,俄罗斯也不例外。在俄罗斯历史上的各个阶段,即古罗斯国、蒙古人统治时期、独立与混乱时代,俄罗斯民族的国民政治心理都有很大的不同,这里谈的俄罗斯民族政治心理,只是俄罗斯政治心理中比较稳定的部分及一般特征。俄罗斯传统国民政治心理有以下三个方面的基本内容。

(1)对权威的高度信仰与渴求

各国历史上,对国家的治理基本上都存在"人治"和"法治"两种形式。人治即依人而治,它把国家的治乱、政事的兴废、社会的发展完全寄托在一个明君圣主或者一部分贤相清官身上。从基本倾向上看,俄罗斯历来企求的是人治而不是法治。俄罗斯民众更需要安全感,相比较自由而言,一个人说话总比很多人说话令俄罗斯人民更感到安全。村社里的农民几乎没有自己独立的思想,他们在物质文化和风俗习惯中,存在着惊人的一致,在同一村社内表现得尤为突出。群体中的个体通过群体的影响而在他的心理活动方面发生常常是深刻的变化。他的情感倾向会边得非常强烈,而他的智力显著降低。正是在这种基础上形成了一种以强调个人对共同体的依附为特征的宗法文化——俄罗斯村社文化。这种文化在价值观念上表现为轻视人的自由个性和独立人格而强调整体和谐,在民族性格上则表现为重情感,强调人际关系协调而缺乏斗争精神,浪漫主义有余而理性精神不足。处于这种文化氛围中的农民阶级自我意识不够发达,他们不觉得自己是自身行为的主体,而是把自己和周围的人理解为彼岸力量影响的惰性客体。个人对村社的绝对服从使农民的自我意识、主体意识极不发达,并产生了对长官意志和"来自上层"的准许的需求。在俄国地方性的农民运动中,还可以看到这样一种现象:农民一般通过致沙皇的书面请求信而使自己的行为"合法化"。他们在潜意识里就是在为自己的行动寻找一种合法性,或者来自沙皇,或者来自所谓的"天意"。即便是在造反时,他们也要打出"沙皇"的旗号。在17世纪至19世纪上半期的大规模农民运动中,就曾出现过数个僭称王者的领导人,他们或是利用沙皇的名字,或是利用所谓的"天命"以发动农民群众。起义的农民首领总是刻意去模仿着某个神仙或沙皇的样子来反对沙皇,如果一个首领要被承认为首领,他必须模仿远古时期的神鬼形象,以便使自己获得执政的合法性。他必须年复一年地住在同一所屋子里,穿同样的衣服,做同样的事情。农民们甚至在做梦时也对沙皇充满了敬仰,在俄罗斯民间故事中,著名的"傻子"伊万的最大的梦想就是迎娶美丽聪慧的公主,成为沙皇的女婿。对权威的盲目信仰在很大程度上使农民乐于承认对地主的人身依附,这就缓和了农民与地主的紧张关系,推迟了农民推翻农奴制这一时刻的到来。在这种心理状态上产生的权威崇拜和皇权主义是使反动的沙皇专制制度得以长期存在的重要原因之一,也是当代俄罗斯民众对权威主义渴求的重要原因之一。

　　农民作为专制主义压迫的牺牲品,还在于他在家庭中把自己的妻子和儿女置于同样的受奴役状态中,而使自己成为奴役者。他自己所遭受的屈辱要通过让别人受屈辱而得到宣泄。威尔海姆.赖希指出:"父亲的政治和经济地位反映在他同家庭其他成员的父权制关系上。再每一个家庭中,权威主义国家在父亲这个人物身上找到了它的代表,所以,家庭成了它的权力的最重要工具。"①农民的社会意识的特点不在于他和村社其他农民共有的命运,而在于他对政府和沙

---

①　[奥]威尔海姆.赖希:《法西斯主义群众心理学》,张峰译,重庆:重庆出版社1990年,第47页。

皇的态度,这种态度是由同国家权力的完全自居作用构成的。精神分析学所理解的自居作用,指这样一个过程:一个人开始感到和另一个人相一致,采取这个人的特点和态度,并在幻想中把自己摆在他人的位置上;这一过程必然使自己自居的人发生一种实际的变化,因为自居的人使自己的模式特点"内在化"了。农民和他的妻子儿女一样是顺从沙皇的,但他为何没有他妻子那样一种稳固感呢?这归因于他在权威和他妻子之间所处的中间地位。尽管他对村社和沙皇很顺从,但对于那些居于他之下的人来说,他又是权威的代表,因而享有一种有特权的道德的地位。农民的头脑里最初只是想要像某个权威一样,但逐渐地由于压抑性的物质依附的作用,他的整个人格都按照统治阶级的样式被重新塑造了。

(2)对自由的热烈追求

18 世纪之前的俄罗斯历史几乎是灰色的:与蒙古人的斗争,"感受"莫斯科公国的极权统治、混乱、教会分裂等等,所以中世纪的俄罗斯几乎没有可以让俄罗斯为之自豪的科学、技术、文学、建筑、音乐和哲学等成就。公元 988 年,信奉多神教的罗斯人又在基辅大公弗拉基米尔的号令下,接受了来自拜占庭的基督教,从而使俄罗斯人的信仰中同时存在了两种"基因":多神教和带有东方因素的拜占庭的基督教(即后来的东正教)。从接受基督教时起,"多神教的习俗获得了基督教的色彩,基督教也弱化和吸收了多神教的一些习俗。"① 在一个居民基本是农民的国家里,这个文化的融合的过程意味着东正教信仰和东正教教会是俄罗斯民族特征的真正来源。接受基督教是罗斯历史上的一个重要转折点,因为基督教不仅是一种宗教价值标准,也是一种文明的重要组成部分。弗拉基米尔接受基督教使罗斯脱离了伊斯兰和多神教的亚洲,使罗斯与基督教的欧洲接近。从此,俄罗斯民族和西方诸民族一样同为上帝的子民了。在自我(ego)的发展中,一个十分重要而又依赖于经验的过程被称为认同(identification)。通常是

① [俄]利哈乔夫:《解读俄罗斯》,吴晓都译,北京:北京大学出版社 2003 年,第 55 页。

与人,与环境中的物体认同。依靠"认同",我们经过行动或加工,使自身的思想或行为的一个或几个方面变得像某事或某人①。如同一个小男孩喜欢模仿他的父亲,在成长的过程中喜欢模仿他心目中的偶相,参加工作后又模仿他的老板。一般认为,认同是继发于某些幻想。在这些幻想中,人们希望拥有所钦佩的对象的权力与财富。不论是个体还是集体,他(们)在一个被崇拜的对象上投注了大量的里比多(Libido),与此对象认同,就会为他提供同样的满足。俄罗斯民族对西方文明的仰慕促使他们很自觉地将自己的生活方式西方化,近代西方国家视为立国根本的自由观也被他们认同为本民族的核心价值观。

到18世纪,彼得大帝打开了通往欧洲的窗口,19世纪,俄罗斯又接受了法国和英国的先进思想和文化习俗等等。俄罗斯所受的影响有消极的、短暂的,也有积极的、久远的。它们把俄罗斯文化带到世界文化图景之中,使得俄罗斯文化同时具有了同一性和多样性,独一无一性和多面性,使得我们可以透过一个国家的文化发展历程窥见全人类文化的发展进程。那时候的俄罗斯民族就像一个初涉人世的小男孩,不加任何选择的模仿他们心目中英雄—西方国家。俄罗斯民族既无可奈何地接触、接受过外族文化,也充当过本民族文化的积极"布道者"。而每一个民族、每一种文化都会在其入侵、占领等行动中彰显自己,并且或多或少地渗入到"被俘的灵魂"里。上述因素构成了俄罗斯民族性格中独特的两面性:他们既有国家观念、主张专制主义,又渴望有随心所欲的自由。所以对中世纪的外国人来说,俄罗斯人在教堂总是呈现出一幅大家聚集在一起,但各自的脸却朝向不同方向的令人奇怪而又不可思议的情景。不仅仅是对外模仿所谓的自由,在俄罗斯历史里本来就存在着自由的种子。哥萨克(俄语 Казаки,意即不受约束的人)②[7](P32)不受沙皇政府的统治和封建主的剥削,自由选举首领,拥

---

① ［美］查尔斯.布伦纳:《精神分析入门》,杨华渝 等译,北京:北京出版社 2000 年,第45 页。

② 张建华:《俄国史》,北京:人民出版社 2004 年,第32 页。

有自己的军事组织。正如别尔嘉耶夫所指出的那样："哥萨克的自由逃民是俄国历史上十分出色的现象,它最能体现俄罗斯民族性格中的两极性、矛盾性。从一方面说,俄罗斯人民恭顺地帮助组成专制制度的国家,但从另一方面说,他们又从它的统治下逃走,造反来反对它。"①他们的灵魂充满无个性的集体主义,但又浸透了个人主义、强烈的个人意识,自由和奴性的对峙形成了俄罗斯人性格中的两极。

(3)强烈的补偿心理

俄罗斯民族对蒙古人统治的厌恶世代流传,就像一个从小就极度讨厌父亲的小男孩长大后依然故我一样。如果模仿的对象或人是强有力的,那么就会发生一种叫"与攻击者认同"的认同。在作这种情况下,个体满足于(至少在幻想上)分享了对手所具有的力量与荣耀。

俄罗斯强大起来后,马上开始侵略别的主权国家,数次展开侵略、扩张和掠夺行动,其中包括向东方的扩张。十月革命后,苏联仍有侵害中国的行为。中国领土黑瞎子岛就是 1929 年被苏联军队占领的,至今尚未归还给中国。早期的布尔什维克党员们都成长于俄罗斯帝国时期,他们或多或少地受到了俄国传统思维方式的束缚,早已习惯沙皇政府的一些作法,并且身体力行。实事求是地说,苏联共产党就一直没有能够摆脱这一历史阴影。由此可见,这个民族除了体验过外族入侵、被外族统治的屈辱外,也尽享过占领者的"荣耀"。将蒙古人对自身的凌辱完全发泄到邻国上,用同样的行动补偿曾经的屈辱。"潜意识的心理补偿冲动"指个人如果老是觉得自己活得非常吃力非常冤枉非常窝囊,他的内心就会产生压抑感。在这种心态之下,天长日久就会产生强烈的自我补偿心理冲动。所谓补偿,即强调或夸张某一种品质,藉以掩盖本身的另一缺陷,或者在其一方

---

① ［俄］别尔嘉耶夫:《俄罗斯思想》,雷永生,邱守娟译,北京:三联书店 2004 年,第 11 页。

而追求过度的满足,以弥补在另一方面遭遇的挫折。通俗地说,就是充分地发挥自己的长处与优势,以优越感来补救由于缺陷所引起的烦恼和不安。而另外的一种是在发现某些方面缺点后,着重注意对其弥补的训练与努力,从而获得成就,求得补偿。由于报复性的冲动不一定能在理性层而得到满足,它就必然会转化为非理性的形式,于是这种潜意识的心理补偿冲动就在事实上发生了。俄国历史上曾有过数次大规模的对外扩张,就是这种补偿心理在发挥作用。尽管俄国政府为自己的侵略扩张找尽了各种所谓"合法"的借口,但不管对外战争的胜利有多大,无论如何也抹不去俄罗斯民族潜意识中永远的伤痛。不管实行那一种主义也改变不了血管里流动的血液,俄罗斯民族在可预见的未来不会停止他们对外征伐的脚步,已得到的绝不想失去,被迫失去的就想方设法再拿回来。

3. 预测与未来

有些人生活在现代,对过去漠然置之,也不懂得将来。有些人则留恋过去。只有少数人具有把过去运用于现实的技巧,设法使自己看到未来。应当指出的是,政治心理学应用于政治的时候,仍旧代表一种困难而不可靠的技术,只能是宏观地把握趋势,而不是代表一门以机械精确性产生效果的科学。所以,"即使我们知道有类似事情先行的情况仍然是如此经常发生,以至于有可能从中抽引出一条规则来,我们也不可能因此就认为这类事情是永远和必然以这种方式发生的,于是我们就必须为盲目偶然的事也保留权利。"①

在过去,民族习惯改变得非常缓慢,这是因为新的生活方式很难创造出来而且只是逐渐推广,同时也是因为人与人或国与国之间交流思想的工具极不完善;因此关于一种民族习惯的正确报道可能在许多世纪内仍保持正确,而实际上恐怕也是如此。随着历史的演变,俄罗斯民族的生活条件和习俗都发生了较大的变化,但并未到认不出的程度,而且通过新的研究我们还可以看出其传统观念的

① [德]康德:《实践理性批判》,邓晓芒译,北京:人民出版社2003年,第69页。

古风特点。今天的俄罗斯,"新西方派"与"新斯拉夫派"争端再起,向西还是向东的论争绵绵无绝期。在俄罗斯精神中,东方与西方两种因素永远在角力。在西方国家面前的卑微,在东方国家面前则表现得傲慢。与西方国家不同,俄罗斯建立所谓"民主政治"的进程不是在资产阶级反对封建专制斗争的背景下,而是在社会主义苏联发生巨变的情况下开始的。俄罗斯从曾存在 74 年的苏联那里继承的政治遗产十分庞杂,不仅涉及国家的政治体制,而且涉及人们的社会政治思维。俄罗斯的这种政治现实与民主派,尤其是"新西方派"要求回归西方文明,建立西方式的民主政治的愿望之间形成强烈的反差,决定了俄罗斯的政治发展道路不会平坦①。新斯拉夫派则绝不允许俄罗斯失去大国曾经拥有的光辉,这是被刺痛的俄罗斯民族自尊心的自然表现。转型后的俄罗斯非但没有脱离它那深厚的文化基础,反而出现了"回归"传统的趋势,俄罗斯民族对权威的渴望再次显露无遗。从 1991 年至今,俄罗斯在短暂的时间内对政治发展模式进行了两次选择,从西方民主政治模式到权威主义政治模式。当代俄罗斯民众对苏联的怀念,以及"斯大林热"都能从俄罗斯民族对安全感的强烈渴望得到很好的理解。纵观俄罗斯历史,并综合上面的分析,目前的俄罗斯终将走上强权统治,到了一定临界点之后又回复到类似于西方的自由政治体制,然后再从自由体制回到强权体制,反反复复地由强权政治至自由政治之间转换。

二、列宁的世界观

在 19 世纪末、20 世纪初,列宁致力于探索和解决经济和文化比较落后的俄国如何走向文明富强、走向现代化的问题。"历史从那里开始,思想进程也从那里开始,而思想进程的进一步发展不过是历史过程在抽象的、理论上前后一贯的形式上的反映;这种反映是经过修正的,然而是按照现实的历史过程本身的规律

---

① 范建中:《当代俄罗斯》,北京:时事出版社 2004 年,第 15 页。

修正的。"①列宁世界观(笔者注:有时我们用"思维方式"替代"世界观")是"革命
与建设"时代的产物,它是根植于俄国大地,符合俄国社会主义革命与苏维埃政
权建设的时代主题,适应俄国革命的需要而产生的。这种思维方式既是列宁个
人的思维方式,又是俄国社会民主工党(布)集体思维智慧的结晶,最终上升为俄
国社会民主工党(布)集体的思维方式。这种思维方式有一个形成的过程,具有
丰富的内容,也有其历史的局限性,这当然也是符合马克思主义内涵的判断。在
20世纪初时,当资本主义发展到了帝国主义阶段时,列宁分析了帝国主义时代
的特点和资本主义世界发展不平衡的规律,论证了"经济政治发展的不平衡是资
本主义的绝对规律。由此就应得出结论:社会主义可能首先在少数或者甚至在
单独一个资本主义国家内获得胜利。"②的理论。这就是著名的"一国胜利论",
它是列宁世界观的逻辑起点和价值导向。即如何建立苏维埃社会主义政权和如
何巩固新生的社会主义政权是列宁思考的最主要的问题。

为适应俄国革命与建设需要而产生的列宁世界观与列宁思想一样,都具有
丰富的内容,概括地说,列宁世界观的主要特征有以下两点:

一是共性与个性的思维方式。列宁把俄国的社会主义运动同先进资本主义
国家的社会主义运动加以比较,指出在帝国主义时代,社会主义革命不可能首先
在各先进西方国家中开始。因为发达的资本主义国家都拥有大量的殖民地,垄
断资产阶级可以从超级利润中拿出一部分来培养工人贵族,造成某种类似"社会
和平"的局面,从而使得这些国家的革命运动受到阻碍。而俄国的情况则不同,
它是一个"军事封建帝国主义"国家,是帝国主义时代各种社会矛盾的集合点,从
而成为帝国主义链条中的薄弱环节。在资产阶级和无产阶级的力量对比上,俄
国资产阶级特别软弱和落后,无产阶级政党无论在理论上还是实践上都特别成
熟,并且成功地在民主革命中实现了对农民的领导权,加上第一次帝国主义战争

① 《马克思恩格斯选集》2卷,北京:人民出版社1995年,第33页。
② 《列宁选集》2卷,北京:人民出版社1995年,第554页。

时所造成的革命形势,因此,"像俄国这样的国家,开始社会主义革命,自然要比先进国家容易得多。"①依据唯物辩证法,列宁论述了历史发展中一般与特殊的辩证法。列宁严肃批判了第二国际英雄们的学究气和对历史发展的形而上学观点,他说:"他们根本不相信任何这样的看法:世界历史发展的一般规律,不仅丝毫不排斥个别发展阶段在发展的形成或顺序上表现出特殊性,反而是以此为前提的。他们甚至没有想到,例如,俄国是个介于文明国家和初次被这次战争完全拖入文明之列的整个东方各国或欧洲以外各国之间的国家,所以俄国可能表现出而且势必表现出某些特殊性,这些特殊性固然并不越出世界发展的共同路线,但是使俄国革命显得有别于以前的西欧各国的革命,而且在转向东方国家时这些特殊性又会带有某些局部的新东西。"②列宁的这一论述,肯定了世界历史发展具有一般规律,但这种一般规律不会处处以"纯粹的一般"表现出来;历史发展不是简单、机械、单纯的进化,特定的历史环境和民族特点,可以使某些国家和地区的历史发展进程呈现出某种跳跃性的表现。俄国没有经过资本主义的充分发展阶段而走上了社会主义道路,这不仅没有违反历史发展的客观规律,而且充分显示了帝国主义时代世界历史发展中个别与一般、特殊性与普遍性、民族特点与世界性的辩证统一。列宁的《论我国革命》对共性与个性的原理进行了全面的阐述,使列宁关于共性与个性的原理形成了一种基本的思维方式,并构成为列宁思维方式的重要特征之一。列宁正是运用共性与个性的思维方式探索到了俄国革命道路的特殊性。

二是实事求是的思维方式。在俄国苏维埃政权建立后的头几年里,列宁在实践中对理论的最大贡献就是探索和研究了过渡时期俄国经济问题,明确提出了由资本主义向社会主义过渡的理论,并果断地否定了自己提出的"战时共产主义"经济政策,改而代之新经济政策。马克思、恩格斯依据西欧各国资本主义发

---

① 《列宁全集》37 卷,北京:人民出版社 1986 年,第 372 页。
② 《列宁选集》第 4 卷,北京:人民出版社 1995 年,第 776 页。

展的实际,在预测未来共产主义的经济特征时设想过,共产主义就是消灭生产的无政府状态、消灭商品货币关系。1908 年,列宁在《19 世纪俄国的土地问题》这部著作中说:"至于社会主义,那么大家知道,它就是消灭商品经济。…只要仍有交换,谈论什么社会主义就是可笑的。"①1917 年 8 月至 9 月间,列宁为准备进行社会主义革命写了著名的文章《国家与革命》。在这部著作里,谈到共产主义社会第一阶段的经济时,列宁说:"全体公民都成了国家(武装工人)雇佣的职员,全体公民都成了一个全民的国家的'辛迪加'的职员和工人。"②十月革命胜利后,列宁正是按照这种消灭商品货币的思路来组织社会经济生活的,"战时共产主义"就是这一思路合乎逻辑的结果。客观地说,从十月革命胜利到俄国内战结束这段时间内确有实行这项经济政策的必要,只有这样才能保证俄红军的军需给养。但是,我们也应该看到这一政策的局限性。一方面,包括列宁在内的几乎所有的俄国共产党人都片面理解了马克思、恩格斯关于社会主义过渡时期经济政策的论述;另一方面,更重要的是,列宁思维方式同样不可避免地不自觉地落入了俄国传统思维方式的俗套中。我们必须正视"我们是被某种东西所支配,而且正是借助于它我们才会向新的、不同的、真实的东西开放。"③[每一个人都会不可避免地被一些旧的思维方式所束缚,连伟大的辩证法大师列宁也不可能例外,这一点在斯大林身上体现得更淋漓尽致。但是,列宁和斯大林在理论和实践上体现的最大不同之处就是在于列宁有实事求是的思维方式。列宁在俄国内战结束后,他敏锐地察觉到"战时共产主义"政策已严重阻碍了新生的苏维埃国家经济的发展。他以极大的理论勇气承认"我们计划(说我们计划欠周地设想也许较确切)用无产阶级国家直接下命令的方法在一个小农国家按共产主义原则来调

---

①　《列宁全集》17 卷,北京:人民出版社 1988 年,第 111 页。

②　《列宁选集》第 3 卷,北京:人民出版社 1995 年,第 202 页。

③　[德] H·伽达默尔:《哲学解释学》,夏镇平 等译,上海:上海译文出版社 1994 年,第 9 页。

整国家的产品生产和分配。现实生活说明我们错了。"①"战时共产主义"政策所体现的直接过渡到社会主义的思想,主要体现在两个重要问题上:农民问题;商品货币问题。列宁所说的错误,指的也就是这两个问题,即认识脱离了俄国的具体国情。"一个新的事实一旦被观察到,对同一类事实的已往的说明方式便不能再用了。从这一刻起,需要的是使用新的说明方式。"②列宁从发现"战时共产主义"已不适应内战后的俄国实际之后,便果断地推行新经济政策,用一种全新的思维方式面对全新的环境。实事求是是列宁思维方式的基石,也是列宁思想的精髓。

三、斯大林的世界观

列宁没有来得及为后世留下一个完整的社会主义建设的理论构想,他的晚期著作也只是从思路上就重新认识"战时共产主义"政策和推行新经济政策进行了初步探索。斯大林敏锐地认识到了时代主题正在转换之中,他在部分正确地理解了列宁哲学思想的基础上,在适应"一国建成社会主义"的需要的基础上发展了列宁世界观。因而从某种意义上说,斯大林世界观是斯大林对列宁世界观在新的历史条件下的继承。

列宁的溘然辞世,正像他生前所担心的那样,果然在布尔什维克党内引发了一场激烈的斗争。1923 年 4 月举行的联共(布)十二大,实际上已提出了一个极其尖锐、每个代表都很关心的、特别是党的高级领导人感到极其迫切的问题:列宁之后联共(布)及苏维埃社会主义国家应该怎样办——即那一种建设社会主义的思维方式将在未来的苏联中占据统治地位。从历史角度看,斯大林是这场论战的最核心、最关键的人物。他和他的理论在联共(布)内的崛起和最终被确立为

①　《列宁选集》4 卷,北京:人民出版社 1995 年,第 570 页。
②　《马克思恩格斯选集》4 卷,北京:人民出版社 1995 年,第 336 页。

唯一的权威,都深深地、决定性地影响着苏联的命运,这一点从他的继任者的改革思路中可以清楚地看到。斯大林在一些问题上是继承了列宁思想和列宁思维方式的。但从现实中看,伊凡雷帝和彼得大帝的思维方式对他的影响更为深刻。"因为在俄国这样的国家,历史的传统似乎是,谁登上了至高无上的地位,谁就掌握了绝对真理,谁就有权解释一切;反过来,谁有资格解释绝对真理,谁也就是理所当然地成了理论上的合法继承人,他同样理所当然地也应当成为政治上的最高主宰者。"①列宁和斯大林在国家政权性质问题上是一致的,但他们对待权力和荣誉的态度有很大的不同。斯大林更渴望通过权力和武力恢复俄罗斯帝国往日的光辉,这不仅仅是他一个人的想法,他代表着很多高级布尔什维克党员的想法。早期的布尔什维克党员们都成长于俄罗斯帝国时期,他们或多或少地受到了俄国传统思维方式的束缚,早已习惯沙皇政府的一些作法。实事求是地说,苏联共产党就一直没有能够摆脱这一历史阴影。但是,我们也必须看到,斯大林至少是部分正确地继承了列宁思维方式和列宁思想。这集中体现在斯大林对人们的"一国能否建成社会主义"的疑问的坚定不移的回答问题上。列宁提出的"一国胜利"论实际上已包括了俄国共产党不但能取得政权而且能依靠自身的力量建成一个强大的苏维埃社会主义国家,这个思想在列宁在世时已在联共(布)内达成了共识的。列宁去世后,为了和托洛茨基论战的需要,斯大林首次提出了"一国建成社会主义"论。斯大林认为社会主义能够在一个国家内建成,他说:"这就是可能用俄国内部的力量来解决无产阶级和农民间的矛盾,这就是在其他国家无产者的同情和支援下,但无须其他国家无产阶级的预先胜利,无产阶级可能夺取政权并利用这个政权来在我国建成完全的社会主义社会。"②何建设在当时是唯一的一个苏维埃社会主义国家是斯大林思维方式的逻辑起点,斯大林思维方式就是通过他在思考俄国这个首要的问题、对这个问题的回答过程中丰富

①　陆南泉、姜长斌:《苏联兴亡史论》,北京:人民出版社2002年,第318页。

②　《斯大林全集》8卷,北京:人民出版社1954年,第64页。

和发展起来的。

前文已提到斯大林仅仅只是部分正确地理解了列宁思想，那么他抛弃（不是扬弃）了什么呢？由于理论上的欠缺，斯大林并未能全面地把握列宁思想，也没能准确地把握列宁思维方式的精髓。斯大林在理论上最严重的缺陷是忽视了辩证法在社会主义建设中的应用，而且他犯的是"常识性问题上的失误。"①在斯大林的著作里，通常都是大段大段地引用马克思（恩格斯除外）、特别是列宁的原话。斯大林一贯自称是列宁的学生，给人的印象，只有他才是"第二个列宁"。但是，他只引用列宁在1921年实行新经济政策之前的著作。从这一点可以看出，他并未把列宁主义作为一门不断发展的学说对待。这也是斯大林思维方式表现出刻板性、僵化性的理论根源。

苏联如何建设社会主义即建设社会主义的方式、途径、道路是斯大林思维方式在社会实践上的具体再现，即斯大林如何利用当时苏联的主客观条件去求解以怎样的实践方式去建设一个前无古人的社会主义国家。怎样建设社会主义国家的问题，历来是经济文化落后国家在取得无产阶级政权，从事新国家建设的伟大事业中所必须解决的重要问题。在苏联社会主义建设的实践中，斯大林在继承马克思、列宁的社会主义观的基础上，形成了自己的一整套的关于如何建设社会主义的方式—斯大林模式。关于这个问题，国内外学者评价较多，正反两面都有。

1.关于发展社会主义生产力

在斯大林看来，进行经济建设、发展社会生产力，从而建立起苏联社会主义的物质基础，是一件意义十分重大的事情。就在国内战争烽火刚熄的1921年，斯大林就指出："当我们已从战争转到和平工作的时候，'一切为了战争'这个旧

---

① 李尚德:《评价与争议—斯大林哲学体系研究》广州:广东人民出版社1998年,第115页。

口号就必然为'一切为了国民经济'这个新口号所代替。"①关于进行经济建设和发展生产力的重要意义,斯大林是依据马克思主义的历史唯物主义原理,从社会制度的更替的高度来认识的,这就是说,发达的生产力不仅是建立社会主义制度并确保其最终战胜资本主义制度的物质基础,也是向共产主义过渡的前提条件。斯大林对社会主义必须发展生产力的意义、作用的认识和论述贯穿了一个基本的思想,那就是贫穷落后绝不是社会主义。结合当时恶劣的国际环境,斯大林关于发展生产力的思路只能是:经济发展的速度越快越好;重工业(特别是军工企业)的发展必须优先于轻工业的发展;科学技术必须强于西方发达国家。

高速度地发展社会主义的经济是斯大林一贯强调的一个原则,它基本可以说是斯大林经济建设思想的"灵魂"。斯大林在经济建设方面的其他主张都是由此引申出来的。

所谓"高速度",首先是一个相对的概念,是指比资本主义国家的发展速度更高的速度。"高速度"口号的提出是与"赶超战略"联系在一起的。苏联苏维埃第六次代表大会向工人阶级和苏联全体劳动者提出的任务是,在30年代内实现"在技术经济方面赶上和超过先进资本主义国家"的口号。斯大林把这一发展目标定位为关系苏联政权生死存亡的历史任务,他对苏联全体人民说:"你们愿意让我们的社会主义祖国被人打垮而丧失独立吗? 如果你们不愿意,那么你们就应当在最短的时间内消灭它的落后状况,并且在社会主义经济建设方面开展真正的布尔什维克的速度,别的办法是没有的。"②所以,"高速度"在数量上的底限就是比资本主义国家的要快。在此基础上,真正的高速度的绝对量应该是多少呢? 关于这个问题,斯大林的思路有一个反复的过程,从有条件的快、适度的快,到不顾一切地快,再到适度的快。在工业化初期即1927年之前,斯大林对"高速度"的理解还是比较谨慎的。在与托洛茨基的辩论中,斯大林与布哈林一道,批

---

① 《斯大林全集》5卷,北京:人民出版社1957年,第72页。
② 《斯大林全集》11卷,北京:人民出版社1955年,第80页。

判了"超工业化"的主张,认为应当维护农民的利益,维护工农联盟,协调好工业与农业的关系。斯大林认为,发展速度必须以国内市场的需求和国内能够提供的资源为基础,必须考虑到社会主义积累的速度和用以发展工业的后备力量,要量力而行地进行建设,不能盲目追求高速度。到 1927 年,苏联的工农业生产总量全面超过了战前水平。在这种大好形势下,斯大林的头脑有些发热,对高速度的理解也发生了一些变化。这时斯大林的头脑里的高速度不再是有条件的适度的高速度,而是"最高的速度"。联共(布)十六大后,实现"真正的布尔什维克的速度"、"五年计划四年完成",甚至"五年计划三年完成"成了全国上下统一的号令。各级党政机构相继按照新的指令修改和重新制订高指标方案,工业化运动急速进入了盲目冒进的阶段。高速度地发展国民经济,即苏联能在短时间内赶上甚至是超过发达资本主义国家,斯大林认为是完全可能的。

纵观二战苏联的三个五年计划,其共同的特点是:计划指标高不可攀,在执行过程中使用各种手段(主要是阶级斗争口号和专政工具的压力)鞭策全社会全力以赴。结果是造成了许多计划指标无法完成、国民经济比例失调、大量商品供应紧张的现象,致使整个国民经济出现了严重的问题。如同任何历史上的任何一次大革命一样,布尔什维克革命胜利之初,革命中所爆发出的英雄主义和革命浪漫主义一时难以完全消退,激情和幻想在很大程度上依然支配着人们的思维和行动,在这种强大的惯性的冲击下,冷静的思索往往得不到重视,甚至常常还会受到嘲笑、打击和唾弃。激进政策就是这种革命惯性力和革命英雄主义、革命浪漫主义在政治决策上的一种反映。

俄国自 16 世纪形成以沙皇为核心的中央集权制国家起,就逐步走上了不断侵略扩张和吞食其他民族的道路。从那时候起,俄国就形成了"满足对外扩张战争的需要,鼓励国防工业和与之有关的工商业的发展"[①]的工业传统,并且作为

---

① 姜长斌:《斯大林政治评传(1879—1953)》,北京:中共中央党校出版社 1997 年,第431 页。

俄罗斯大国沙文主义的支撑点,成为俄国历史传统的独特组成部分。除了这个传统思维方式的束缚,当时的苏联客观上也有必要优先发展重工业,这是由当时苏联所处的国际环境决定的。

赶超西方列强要求高速度,而按通常的方法即从轻工业开始的方法,不可能实现这种高速度。于是斯大林提出优先发展重工业的方针:以重工业为工业化的中心和基础;国民经济发展顺序按重、轻、农来安排。起初,优先发展重工业被视为 20 年代末和 30 年代初社会主义工业的方针,第二次世界大战结束后,斯大林从理论上把这项政策上升为社会主义工业化的道路。在总结苏联战胜德国法西斯的原因时,斯大林不仅将优先发展重工业列为其中重要的一条,而且将是优先发展重工业还是优先发展轻工业上升到"社会主义工业化道路"和"资本主义工业化道路"的高度。在 1952 年写就的《苏联社会主义经济问题》一文中,斯大林进一步发挥,将生产资料优先增长列为向共产主义社会过渡的三个基本的先决条件之一。他写道:"必须切实保证的,不是生产力的神话般的'合理组织',而是整个社会生产的不断增长,而生产资料生产的增长要占优先地位。"[①]后来,优先发展重工业又进一步被认为是社会主义经济发展的一条绝对规律,在任何时候、任何条件下都不能违反。

发展重工业和发展科学技术实际上是一个问题的两个方面,为了赶超西方列强,不至于落后挨打,两者都必须同时高速发展。鉴于科学技术在社会主义经济建设中的"决定性的意义",因而竭尽全力地促进其进步,使之成为不争的选择。斯大林指出,苏联不仅需要发展科技,而且也具有发展科技的优越条件。

那么,如何促进科学技术的发展和进步呢?斯大林认为必须抓住"物"和"人"这两个因素。首先,斯大林强调科学技术中"物"的因素,他提出了"技术决定一切"的口号。1917 年十月革命胜利后,苏联经济有了较快的恢复和发展,但仍是一个经济、技术落后的农业国。1930 年苏联的工业产值仅占工农业总产值

---

① 《斯大林选集》下卷,北京:人民出版社 1979 年,第 589 页。

的确 1/3,苏联的科学技术水平比当时先进的西方国家落后 50—100 年。1931
年,斯大林提出了著名的"技术决定一切"的口号,他决心以高科技推动苏联经济
的发展。在 1932 年斯大林主持召开的联共(布)第十七次代表大会上,规定苏联
第二个五年计划的主要任务是在新的技术基础上完成整个国民经济的改造。为
了实现经济技术改造的目标,斯大林采取了用先进的技术设备装备工业部门和
农业机械化两个措施。到苏联第二个五年计划提前完成时,国民经济各主要部
门已运用新技术装备起来。其次,斯大林强调科技运用中人的重要性,他采取措
施培养科技人才,调动人们学习、运用、改造科学技术的积极性。斯大林认为没
有数万以至数十万受到训练、能完成使用和尽量利用新技术的干部,现代化的装
备就会变成废铁。他指出:"毕竟应该了解:人才,干部是世界上所有宝贵的资本
中最宝贵最有决定性意义的资本。应该了解,在我们目前的条件下,'干部决定
一切'。"①[30](P373)由于斯大林重视科技人才的作用和培养,苏联的技术干部
在苏联的工业化建设中迅速成长起来。

斯大林在晚年所写的《苏联社会主义经济问题》一文中,他再次高度评价了
科技的作用。他在总结苏联农业发展的经验时写道:"我们大家都庆幸我国农业
生产的巨大增长,谷物、棉花、亚麻、甜菜等生产的增长。这种增长的源头是什么
呢? 这种增长的源头就是现代化技术,就是许许多多为这一切生产部门服务的
现代化机器。"②这一段话反映了斯大林对科技始终不渝的追求和推崇。

2. 关于建立社会主义经济基础

社会主义的经济基础是社会主义生产关系的总和。在十月革命基本上解决
了上层建筑的问题后,要在苏联全面建成社会主义,就必须构建起社会主义的经
济基础。斯大林关于建设社会主义经济基础的思路的核心是对城乡资本主义进

---

① 《斯大林选集》下卷,北京:人民出版社 1979 年,第 373 页。
② 《斯大林选集》下卷,北京:人民出版社 1979 年,第 608 页。

行剥夺和对小农经济实行社会主义改造。

斯大林认为,一切非社会主义的经济成分都是社会主义改造的对象。在 20 世纪 20 年代中后期,经过"战时共产主义"的冲击和新经济政策的培养,苏联的非公有制经济成分主要有三大块,即"耐普曼"①经济、富农经济和小农经济,前两种非公有制经济成分是必须被直接剥夺的。之所以要这样做,主要是因为斯大林认为,尽管二者之间也存在一些差异,但从根本性质上讲,它们都是资本主义性质的经济形式。具体而言,"耐普曼"经济是城市的资本主义经济,富农经济是农村的资本主义经济。既然是资本主义经济,那自然就必须按照马克思所说的剥夺者必须被剥夺的方式去处理。

从实际进程看,苏联对"耐普曼"经济的剥夺进行得比较顺利,没有引起什么大的风波。体现斯大林对马列主义教条式理解的是对富农经济进行社会主义改造的方式方法问题。他认为:"向富农进攻,这就是摧毁富农并把它作为一个阶级加以消灭。"②经济斗争变成了阶级斗争,富农们的生命随同他们的财产一起被消灭。在这里,斯大林思维方式的特点是先抽象地、先验地设定一个理想的模型,然后用这个模型去剪裁实际生活,和这个模型不符合的一律必须修改,最后又用错误的事实来支撑错误的前提。如此这般,便形成了一种恶性循环,结果是错上加错。

把分散的小农经济改造成社会主义的大农业是布尔什维克党的一贯追求。列宁在这方面做过大量的论述,但由于受时间、条件和形势等方面因素的制约,他的设想未能充分付诸实施。随着苏维埃政权的巩固,尤其是随着工业化的展开,工农矛盾、城乡差别、公私矛盾显得突出起来。1927 年底 1928 年初出现并延续到 1929 年的粮食收购危机对苏联社会发展进程产生了很大的影响,它彻底改变了新经济政策的基础,大大加快了苏联推进大规模农业集体化的步伐。在

---

① 专指利用新经济政策在流通领域里发财致富的人。
② 《斯大林选集》下卷,北京:人民出版社 1979 年,第 229 页。

这种背景下,斯大林"基于其对收购危机问题的理解和分析,径直得出了苏联必须立即开展大规模农业全盘集体化的结论"[①],他为此提出了关于如何改造小农经济的一整套思路。

关于如何对小农经济进行社会主义改造的方法,斯大林的思想有一个前后变化的过程。在集体化运动开始之前,斯大林的思想与列宁的主张基本相同,都是认为引导农民走社会主义道路不能用强迫的手段,要遵循自愿的原则,循序渐进地进行。他认为通过合作社的道路,农民经济一定会缓慢地、彻底地纳入社会主义建设的总体系。进入 1928 年后,斯大林的思想出现了急躁的苗头,萌发了通过搞运动的方式来加快农业集体化进程的念头。他认为:"需要由我们的供销合作社日益广泛地掌握千百万农户。"[②]这种思想的变化很大程度上与当时严重的粮食危机有关。他反复强调:"我们在个体小农经济的基础上是不能发展的。"[③]1929 年下半年,全盘集体化运动开始。斯大林改造小农经济的思路的特征可归结为两点:高速度;群众运动。他关于农庄集体化的思想不是孤立存在的,是和他的整个经济建设的思想一脉相承的。为了高速度地发展重工业,国家就必须将所有的生产要素集中起来统一调配和使用,而分散的、落后的、独立的小农经济显然与此相矛盾。于是,将小农经济置于国家政权控制之下,便自然而然地提出来了。为了不拖工业化的后腿就必须对农业进行社会主义改造,而且必须快速地进行这种改造,在农民的思想觉悟跟不上的情况下,必须使用强制措施。

---

① 章前明:《1928 年苏联粮食收购危机的直接原因—兼论斯大林的农业集体化理论》,浙江大学学报(社科版),1995 年(3),第 99 页。

② 《斯大林全集》11 卷,北京:人民出版社 1955 年,第 142 页。

③ 《斯大林全集》11 卷,北京:人民出版社 1955 年,第 8 页。

3.关于无产阶级国家政权建设

按照马克思主义的观点,上层建筑主要由两部分组成,即政治法律制度和社会意识形态。斯大林关于建设社会主义上层建筑的思路,也覆盖了这些方面。其中,斯大林关于建设无产阶级政治法律制度的思想,主要由政权学说和党的学说两部分内容组成。如何巩固苏维埃政权的长治久安是斯大林思维方式的落脚点,因为一旦离开了无产阶级专政,无论是无产阶级革命或是社会主义经济建设都将毫无意义。同样地,没有一个合格的、经得起新形势考验的无产阶级政党,政权建设也将成为一句空话。

列宁有一句名言:经济是政治的基础,政治是经济的集中体现。与斯大林经济建设的高速度相适应,他关于政权制度建设思想的特征只能是高度中央集权。

斯大林关于政权制度建设思想的第一个特征是高度集中的一党制。在这种体制下,实行共产党一党专政。它包括以下内容:社会主义国家只有一个党,即苏联共产党;苏联共产党是唯一的执政党,党领导最高苏维埃,代替立法机构起草、制订、通过、批准立法文件。党的代表大会和中央委员会实际权力较弱,党中央"日常工作机关"的实际权力较强,政治局是拥有全权的机构。在中央政治局和书记处中,权力最后集中于总书记。斯大林政权制度建设思想的第二个特征是实行三权合一的国家体制。在这种体制下,立法权行政权司法权不是分离而是结合的,都统一集中到党的各级机关,苏维埃是名义上的全国和地方的最高权力机关。斯大林政权建设思想的第三个特征是实行行政执行机关的自我监督机制。俄共执政后,为了加强党的监督工作,列宁曾经设想,党建立具有平等地位的两大独立的系统:监督系统和执行系统,两者都隶属于同级的党代表大会。斯大林执政后,他是把党的中央监察委员会从属于党的执行机关—党的中央委员会,中央监察委员会由中央委员会直接领导。

斯大林在继承列宁政权建设思想时的一个突出特点是把列宁提出的那些不确定的思想和特殊条件下的临时措施都作为具有普遍意义的真理加以确认。

为了坚持党的领导,斯大林认为必须高度重视并切实加强党的建设,特别是要加强无产阶级专政条件下执政党的建设。在社会主义的条件下,执政党的建设是一个复杂的系统。斯大林从思想建设、组织建设和作风建设三个方面来阐述执政党建设的思想。

在党的思想建设方面,斯大林强调要用马列主义武装全党,要积极地开展反对"左倾"、右倾机会主义的党内斗争。斯大林指出,党在思想建设方面的中心任务,就是坚持用马列主义来武装全党。在1924年所写的《论列宁主义基础》这篇文章中,斯大林论证了用先进的理论武装全党的重要性。他写道:"要成为真正的先进部队,党应当用革命理论,用运动规律的知识,用革命规律的知识把自己武装起来。"①斯大林还进一步提出了正确理解马列主义的原则,即全面、深刻、实践和发展的原则。斯大林对党的组织建设极其重视,并作了大量的论述。他认为,共产党是无产阶级有组织的部队,如果没有组织性,党就无法担负起自己的历史使命。党的组织性要有一定的制度来保障,这个制度就是民主集中制。党的作风建设是党建的重要内容。围绕批评与自我批评的作风、密切联系群众的作风,斯大林阐述了关于党的作风建设的一些思想。斯大林认为,对无产阶级政党来说,批评与自我批评就像空气和水一样的重要和必不可少。为此,他提出了三项主张:第一,批评与自我批评应当成为一项经常性的工作,而不能是一种暂时的现象;其次,批评与自我批评应当成为一项群众性的工作;再次,为了正确地、持久地进行批评与自我批评,就必须排除在干部和群众中的种种错误观点和做法的干扰。密切联系群众、走群众路线,建立融洽的党群关系是党的作风建设的另一项重要内容。斯大林认为要做好两方面的工作:协调好党员和非党员的关系;关心群众,向群众学习。他认为只有这样做才能建立融洽的党群关系。

---

① 《斯大林选集》上卷,北京:人民出版社1979年,第261页。

四、苏联继任领导对马克思主义世界观的理解与举措

如果人仅仅只是思考而不付诸行动,就不会有任何实践的结果,当然就更不可能评价其世界观的优劣。从斯大林思维方式本身是不可能评价它对苏联改革有何影响的,只有通过研究按照这种思维方式建立起来的苏联社会主义模式的演变才能研究斯大林思维方式对苏联改革的影响。一切思维方式都有其自身的历史局限性,斯大林思维方式当然不可能例外。第二次世界大战后,特别是到了20世纪50年代初期,苏联社会主义模式的弊端与矛盾更加突出,已经到了不进行改革,苏联的政治经济体制便难以适应社会发展的客观要求的程度。换言之,斯大林体制已成为阻碍苏联社会发展的主要障碍。1953年,斯大林逝世,这给苏联进行体制改革提供了契机与可能。

赫鲁晓夫首先对传统体制发起了冲击,之后是勃列日涅夫、安德罗波夫、契尔年科和戈尔巴乔夫,他们都对斯大林的社会主义模式表达了改革的意图。但是,他们都未能或者说是根本不可能取得成功。从斯大林时期开始直到苏联解体,斯大林思维方式就一直牢固地统治着苏联的意识形态领域,它就像一只无形的巨手钳制着苏联领导人及苏联普通民众的思想,这体现在苏联各级政府的施政方式中和苏联人民的行为方式中。斯大林的继任者们的改革从未触及斯大林社会主义模式的核心部分,到了20世纪80年代中期,戈尔巴乔夫上台执政时,留给他的仍然是传统的体制模式。分析从赫鲁晓夫到戈尔巴乔夫的改革就可以看出斯大林思维方式对苏联改革的影响到底有多大。

1. 赫鲁晓夫的理解

在斯大林执政30的年间,个人崇拜的消极影响已经渗透到苏联社会的各个领域。在城市里,在大多数的乡村,对斯大林的崇拜已变成一种宗教现象,甚至苏联的东正教教堂也加入到对斯大林个人崇拜的行列里面。个人崇拜严重束缚

着人们的思想,成为改革创新的最大障碍。赫鲁晓夫执政期间,苏联在政治上最重大的事件是在全党和全国范围内开展消除对斯大林的个人崇拜及其后果的斗争,"非斯大林化"是赫鲁晓夫时代的重要标志。反对个人崇拜为对传统社会主义体制进行改革创造了思想前提,意义深远。

但是,在对苏联社会主义总路线和党内斗争等一些根本性问题的评价上,赫鲁晓夫和斯大林是完全一致的。赫鲁晓夫完全赞同优先发展重工业的路线,赞同农庄集体化的道路。他认为,正是由于这两项政策,社会主义才能在苏联取得全面的胜利。事实上,恰恰是高速工业化、农庄集体化和政治大清洗构成了支撑 20 世纪 30 年代斯大林体制存在的三大支柱。他的这些观点(实际上是斯大林的观点)在苏共二十二大得到进一步重新肯定。苏共二十二大通过的新党纲指出:"苏联的工业化是工人阶级、全体苏联人民的伟大功勋""农业集体化是在经济关系、在农民的整个生活方式上的一次伟大革命。"[①]赫鲁晓夫的改革内容相当广泛,而且具有一定的深度,改革触及了苏联传统体制的各种弊端,提出了许多有益的改革思路。但是,他的改革并未从根本上改变传统的社会主义模式,而只是在传统体制的框架之内对其作一定程度的修补,苏联社会生活的形式并没有改变。改革后的苏联经济、政治体制仍保留斯大林体制的核心部分,对外政策方面仍然坚持大国、大党沙文主义。

赫鲁晓夫是以斯大林的批判者的面貌出现的,他上台后,也确实给沉闷的苏联政坛带来了新鲜空气。他提出了许多与斯大林不同的理论,与此同时也不可避免地在很大程度上继承了斯大林的理论观点和方法论。他之后的几任苏联最高领导人都未能完全摆脱斯大林思维方式的影响,按照戈尔巴乔夫形象的说法是:"通过的决议是革新的,但只要一谈到贯彻这些决议的方法,就发现,我们打

---

① 《苏联共产党纲领》,载《苏联共产党第二十二次代表大会主要文件》,北京:人民出版社1961 年,第 172 页。

算用来解决新任务的却是老办法。"①

2.勃列日涅夫的理解

赫鲁晓夫的改革并没有冲破斯大林体制模式的框架,加上改革过程中出现的不少失误,使苏联出现了混乱和大量社会经济问题。勃列日涅夫上台后面临的主要任务是需要对传统体制进行根本性的变革,以便解决各种社会经济难题。但遗憾的是,勃列日涅夫改革的成效很小。

政治体制改革方面,勃列日涅夫改革的主导方向是恢复传统的斯大林时期的体制,是朝着进一步僵化和集中化方向发展。如果说赫鲁晓夫是把错误的事情纠正了一点的话,勃列日涅夫则把正确的事情又弄回到了错误的轨道上。可以说,在政治体制领域的改革根本谈不上有改革。在经济体制改革上,勃列日涅夫对宏观经济政策作了一些调整,曾推行过"新经济体制"。改革的重点放在加速科技发展、贯彻生产集约化的方针和提高效率与质量上。"新经济体制"虽不能从根本上消除传统经济体制的种种弊病,但可以缓解传统经济体制中存在的矛盾。遗憾的是,1965年苏联实行经济改革时,改革的原则贯彻执行一段时间后,逐步后退,直到完全放弃。

改革失败的原因何在?苏联领导人们以"马克思主义正统"自居并对马列主义持教条主义的态度,这在苏联是一个传统,这在勃列日涅夫时期显得十分突出。在这种背景下,苏联政府也就很难根据变化的情况发展理论,提出新思路。理论对体制的改革有着十分重要的影响,体制模式实际上是有理论决定的,即有什么样的指导理论及体现这一理论的、运用在政治与经济体制上的原则,就有什么样的体制模式。如果说赫鲁晓夫只反斯大林不反斯大林主义,那么,勃列日涅夫就是既不反斯大林也不反斯大林主义。他不想改变斯大林建立起来的政治体制,因为没有这个体制,就难以保证他个人专权,难以保证既得利益集团的长治

---

① ［苏］戈尔巴乔夫:《改革与新思维》,苏群 译,北京:新华出版社1987年,第76页。

久安。而不触动政治体制，不将政治体制改革与经济体制改革结合起来，又会给经济体制改革制造阻力。

纵观勃列日涅夫执政 18 年的历史轨迹，从大的方面即社会主义模式来看，他是坚持斯大林那一套的。斯大林的社会主义模式在勃列日涅夫时期更加"成熟"、更加定型和更加僵化，这是教条主义发展的必然结果。

3. 安德罗波夫和契尔年科时期的改革

安德罗波夫和契尔年科作为勃列日涅夫之后的两位苏联的最高领导人，在对待改革的态度和自身素质等方面存在较大的差距。但他们也存在共同点：一是执政时间都很短；二是上任时都已年老体弱（安德罗波夫执政时间为 14 个月，就任总书记时已 68 岁；契尔年科执政时间为 13 个月，上任时已 73 岁。）他们的改革前后衔接紧密，并无明显时间界限。

勃列日涅夫逝世时，苏联的社会经济形势是十分严峻的。从某种意义上讲，安德罗波夫上任时所面临的问题要比斯大林逝世后苏联领导人面临的问题还要大、还要困难。安德罗波夫在上台后的最初几次讲话中许诺要进行变革，要与贪污腐化、纪律松散以及全面混乱的状态进行斗争，他给暮气沉沉的苏联社会带来了希望。他的经济改革的重点放在扩大农业和工业企业的自主权上。但是，他的改革也没有触及造成经济停滞的内在因素。虽然经济状况有所好转，但总体而言，改革并没有取得明显的成果，特别是体制改革，进展有限。客观地说，安德罗波夫在改革理论上比勃列日涅夫要活跃，改革的思维方式也是有所创新的，但最终依然是失败。从采取的一些改革措施来看，大部分与柯西金、勃列日涅夫在 20 世纪 60 年代提出的改革思路雷同，仍然只能是对传统体制的修补。

安德罗波夫时期的改革之所以仍然是保守的，除了受到教条主义的束缚之外，还有就是他的思维方式太传统，他不敢过于超越诸如整顿秩序、巩固纪律以及提高物质、精神的刺激作用等概念的范围。根本性的改革，或者说是革命，如果不能对以往的传统思维方式进行彻底的变革，最终只能是失败。

4. 戈尔巴乔夫时期的改革

戈尔巴乔夫时期是苏联历史上最重要的时期之一。苏联社会经过几十年的发展、演进,在向前迈进的同时也积累了许多阻碍社会发展的消极因素。到 20 世纪 80 年代中期,苏联的确迫切需要进行改革,到了非改不可的地步。然而,戈尔巴乔夫时期的改革不仅未能使苏联克服各种困难,消除阻碍因素,从此走向振兴和繁荣,反而使苏联陷入了更深的经济、政治、社会和民族危机。

戈尔巴乔夫上台伊始就指出了阻碍苏联改革的最大阻力来自于人们的观念,他说:"改革道路上最大的困难是我们在以前的年代里形成的思维。我们大家,从总书记到工人都应当改变这种思维。"[①]他认为苏联要改革成功就必须用"新思维"代替传统思维方式。为了对经济体制进行根本改革,戈尔巴乔夫提出了"加速战略",他试图依靠加速科学技术进步和对经济体制的改革,加快苏联经济向生产集约化、高质量和高效益的模式转变。然而,由于传统的利益格局难以打破,特别是庞大的军事工业体系盘根错节,各种利益关系十分复杂,难以在短时间内改变。并且,各级经济管理机关和干部久以形成的工作方法和思维观念很难在短时间内发生根本性的转变,这些因素成了阻碍苏联改革的严重障碍。包括戈尔巴乔夫本人也对斯大林的工业政策推崇备至,他为这项已过时的政策辩护道:"整个欧洲都没有能挡住希特勒,是我们把他粉碎了。我们能粉碎法西斯,不仅是靠战士的英雄主义和自我牺牲精神,而且还靠优良的钢,优良的飞机。而所有这些都是在我们苏维埃时代制造出来的。"[②]习惯的力量是强大的,这一切都使改革遇到许多阻力,苏共中央制订的经济改革时间表实际上很快就落空了。当经济改革受阻,不能立见成效的时候,戈尔巴乔夫不是从经济改革本身、从影响经济工作的具体问题入手找原因,而是简单地把注意力转向政治领域。

---

① ［苏］戈尔巴乔夫:《改革与新思维》,苏群 译,北京:新华出版社 1987 年,第 76 页。

② ［苏］戈尔巴乔夫:《改革与新思维》,苏群 译,北京:新华出版社 1987 年,第 41 页。

政治体制改革总体出台后,苏共中央即在全国范围内开始了以国家权力重心转移为主要内容的政治体制改革。此后,苏联的社会政治形势发展很快,政治斗争日益激烈。由于苏共领导人在改革指导思想上出现偏差,唯意志论、急于求成的老毛病始终未能克服,致使政治体制改革逐渐陷入困境。

苏联剧变和解体的现实原因无疑是戈尔巴乔夫错误的、不成功的改革。苏联历史上遗留下来的一系列问题,特别是斯大林体制本身的各种问题和弊端是导致苏联剧变和解体的根本原因。苏共领导人虽然一再强调改革需要新思维、新思路,然而从他们经济、政治管理体制改革的思路来看,他们都毫无二致地沿袭了斯大林时期形成的传统:超越时代,追追逐宏伟目标。斯大林思维方式对苏联的发展和改革有着深刻的影响,它像一根红线贯穿于苏联历届领导人的改革进程中。毫无疑问,高度集权的斯大林体制模式曾经在苏联社会主义建设中发挥过积极的作用,为实现国家工业化和赢得卫国战争的胜利做出过巨大贡献。然而,由于历史条件,各种主客观因素的限制,这种模式从一开始确立就存在很多不足,在数十年发挥作用的过程中,它的垄断性、强制性,始终没有发生过根本性的改变。随着时代的变化,斯大林体制阻碍社会生产力发展的消极作用日益明显,社会发展迫切需要打破旧的思维模式进行变革。"冰冻三尺,非一日之寒",追根溯源,无形的斯大林思维方式以及在其指导下产生的斯大林体制的僵化乃是导致苏联解体的根源。

五、是否应遗忘哲学的"形而上"维度

苏联学术界普遍认为,马克思坚决拒斥西方传统哲学的形而上学,并且通过哲学的世界化而消解了形而上学。苏联哲学的彻底世俗化不得不让我们重新思考这一看似简单的问题:是否应该遗忘哲学的"形而上"维度?

在十月革命之后不久,苏联一些马克思主义者坚持认为马克思主义不应该被看作是哲学。1922 年,O. Minin 撰文《抛弃哲学》,他指出不仅仅是宗教,哲学

也应该被彻底消灭。虽然普列汉诺夫和列宁都曾指出马克思主义是哲学,但这样的提法仅仅是他们的笔误而已。事实上,他们也认为马克思主义是科学,不是哲学①。

在哲学的发展历程中,已无数次演绎了同一个故事,即——没有一种哲学理论能完全从理论上完全驳倒另一种哲学理论,没有一个哲学家能逃脱被批判的命运。哲学史从来不是某种线性的、知识积累的历史,它呈现给我们的是通往永恒无解的问题的许多不同的"道路",尽管至今没有那条道路能够通达彼岸,但是人类注定要去寻找或选择一条属于我们自己的路。真正的哲学问题是永远没有答案的,哲学家们不过是尽其所能给出他们自己独特的解答方式而已。哲学的问题不是"问题"而是永恒思维之谜,因为我们对超验的哲学问题不可能有一个完全确定的答案而只能采取各种各样可能的解决方式,历史已证明了独断论式的哲学只会禁锢人们的思维。哲学问题乃是人类永恒追求但却无法获得最终答案的"难题",我们对于哲学问题只能提出或采取这样或那样的解答方式,永远不可能给出一个确定无疑的终极答案。这看似哲学致命的弱点,其实恰恰是哲学的永恒魅力之所在。

苏联是世界上第一个社会主义国家,社会主义革命和建设的实践需要从根本上决定了苏联哲学的基本特征。苏联哲学家们从这种需要出发,对马克思和恩格斯的哲学思想加以筛选,舍弃了那些与苏联社会主义事业实际需要没有直接关系的内容(如马克思早期的人道主义思想),突出了与"客观性、必然性、可知性"相关的内容(如恩格斯关于自然辩证法的许多论述),先后对历史唯物主义和辩证唯物主义作了系统论述。这样做的结果是苏联哲学界将恩格斯对哲学的理解简单化了,他们全部按照"非此即彼"的思维方式处理学术问题。按照阿尔都塞的说法,苏联在"官方哲学"方面,那"就是全副武装的知识分子如同围猎野兽

---

① Frederick Charles Copleston. Russian philosophy. The Tower Building, New York, 2003. p316.

一样地到处追逐错误,我们的哲学家不研究任何哲学,并把一切哲学都当作政治;对于艺术、文学、哲学或科学,总之对于整个世界,我们统统用无情的阶级划分这把刀来个一刀切。用一句挖苦的话来概况,那时只是漫天边际地挥舞'要么是资产阶级科学,要么是无产阶级科学'这面大旗。"①苏联马克思主义者认为,试图理解一种资产阶级思想的特殊性,就将是浪费时间。

在哲学的所有方面几乎都存在着争论,各种理论、学说众说纷纭,在它们之间很难形成基本的共识,以至于人们时常怀疑哲学是否是一门科学或是否是一门知识。人们发现,形而上学至多在"理论"上应该是科学的,而"事实"上却从来不具备一门科学应该具备的最起码的科学性。这一现象表明,如果我们仍然将形而上学看作是一门"学问",那么就必须对它的意义和地位作重新的理解。尽管形而上学一再成为哲学的中心话题,但学界对这一核心哲学范畴似乎远没有达成一致的意见。既然形而上学"为何物"都没有统一的看法,那些宣称已消灭形而上学的理论只能是:特定的理论消灭了特定的形而上学。康德、海德格尔这两位反形而上学的巨匠在摧毁传统形而上学之后又都分别建构了自己的形而上学,这一颇具讽刺意味的事实表明,作为哲学的核心和灵魂,形而上学不可能在真正意义上被消亡,不论是那一种意义上的形而上学。

人对自身本性的理解有三重意义:追问过去、认识现在和憧憬未来,追问过去和认识现在都是为了给展望未来提供根据。人作为向"未来"而生的形而上学动物,永远拥有对未来幻想的权利至关重要。马克思认为理想之乡是存在的,人类社会形态再多再复杂也会归于一个统一的"一","马克思主义是辩证法反对乌托邦观念的斗争,但是马克思主义的辩证法也吸收了乌托邦的成分。"②马克思哲学的本体论未必有逻辑在先的基点,却有一个逻辑推论在后的归宿。应该看

---

① [法]阿尔都塞:《保卫马克思》,北京:商务出版社 2006 年,第 2 页。

② [美]保尔.蒂里希:《蒂里希选集》(上),何光沪选编,上海:上海三联书店 1999 年,第 60 页。

到,马克思在批判从"绝对精神"出发而构建的黑格尔唯心主义时后,却又耗时费神地使用同样的方法构建自己的社会批判理论。"这种先批判黑格尔式理性、尔后又把它迎娶回来的做法,使马克思虽然殚精竭虑地批判旧形而上学,却也不能根本地消解它,最终也陷入无法彻底摆脱自己反对的抽象性、绝对性言说的尴尬处境。"①在这个意义上,我们说,马克思在反抽象性、一般性、永恒性、绝对性的同时又在制造另一种一般性、永恒性和绝对性。我们所理解的马克思对形而上学的颠覆,指的是传统的形而上学,而不是整个形而上学,人们是将这两者混淆了。马克思只是完成了对"传统形而上学的理论范式和思维方式的'翻转'或革命,而不是实现了对整个形而上学的彻底否弃。"即马克思所终结的形而上学只是"哲学史上一种特定的理论形态或形而上学史上一种特定的历史形态,而不是要结束哲学历史或冻结形而上学历史的未来发展。"②即马克思所终结的形而上学是纯思辨的古典形而上学形态,并不是终结人类自古以来对一般性和完满性的终极追求,这也是不可能的。

哲学,被理解为人类思维的最高形式,正因为它不是任何具体的科学或者思维活动,所以才能渗透到各个学科和日常行为之中,于是产生了心理哲学、体育哲学、管理哲学、恋爱的哲学等等。崇"有用"、斥"无用"的思维定式,曾经一直紧紧缠着许多苏联人的头脑。在他们追逐"有用"、拒斥"无用"的漫天氛围中,已有多少创造的生机被无声无息地扼杀于萌芽之中了。哲学的全部命运无非是"要承认真实,即在回到真实那里去(产生人及其思想和行为的历史真实)的同时,完成自己的批判任务(即死亡)。"③哲学始终无法像其他科学那样表现出某种普遍必然的或者至少是相对普遍必然的科学性,哲学与科学并不是一个层面的问题,

---

①　刘森林:《实践的逻辑与哲学终结论的困境》,现代哲学 2002 年第 3 期,第 24 页。

②　旷三平:在什么意义下说马克思哲学具有形而上学的性质——一个涉及马克思与形而上学"覆"的问题》,哲学动态 2005 年第 10 期,第 11 页。

③　[法]阿尔都塞:《保卫马克思》,顾良译,北京:商务出版社 2006 年,第 11 页。

在同一个意义上讨论两者只会导致错觉。哲学这门"学问"不是科学并不是它的缺陷,恰恰相反,这正是它不同寻常的优越之处。有学者指出,马克思学说介于哲学与科学之间,即它既是哲学也是科学。即"尽管马克思不把自己所创立的学说看成哲学,但人们仍然要把他放到哲学家的行列当中,并把他的一些理论当作哲学来对待。造成这种状况的原因就马克思这方面来看主要有:其一,马克思早期在"哲学"的名义下做过很多工作,这期间的思想无疑是哲学;其二,在马克思后来以"科学"的名义所建树的思想中,存在着隐性的哲学;其三,马克思的思想中包含着大量的哲学问题。"①我们说马克思主义哲学是科学,并不是指它不是哲学,不能因为语词的误导而人为地消灭马克思哲学的形而上学维度。一般认为,人对自身本性的理解有科学理解和形而上学理解两种。作为"从存在中切取某一部分,研究它的属性"的科学,它以主客二分的思维把人作为实体化的对象进行知识论的实证考察。这样的理解方式执着于"存在者"而遗忘了"存在"本身,只能导致对人的生存本性的曲解或遮蔽。由于现代科学的本质"冒充为形而上学,并且这种冒充由于根深蒂固而被无可置疑地加以确认,所以形而上学通过它对存在者的思考方式而设置了对存在领域的界限。它以去蔽的形式掩蔽了存在与人的本质的原初关联。"②人们自觉地按照现代科学的思维方式思考人生,结果却恰恰是遗忘了人的"存在"。要解蔽人的生存本性,就不能抛弃以主客融通的思维把人作为意义化的存在进行本体论的超验究问的形而上学理解方式。科学的或形而上的理解方式各有千秋,不能相互否定和替代,否则人的生存本性的历史发展将永远是一团迷雾。人对自身本性既需要科学的理解,也需要形而上学的理解。

① 徐长福:《求解"柯尔施问题"——论马克思学说跟哲学和科学的关系》,哲学研究 2004(6),第 8 页。

② 高伟:《"存在的遗忘"与形而上学的终结——论科学的形而上学化与形而上学的科学化》,《哲学研究》2005 年第 6 期,第 106 页。

第四章 马克思主义世界观的演变及其逻辑——以五个社会主义国家执政党党章为例

如何看世界、如何看自己是一种后天培养起来的"思维框框"，诸多影响这个"思维框框"成型的因素当中，政治教化元素是最重要的一个，尤其是在社会主义国家，我们的"思维框框"源头来自狭义马克思主义世界观。狭义马克思主义世界观的制定及其实践是一个过程，它初步形成于自《关于费尔巴哈的提纲》始至晚年恩格斯著述止，其内涵从最初的哲学原则发展到与随后制定的经济学原则交相辉映，经随后的马克思主义经典作家的丰富和扩展，并演变固化为后世无产阶级政党的政治规范并被贯彻到了各级学校的教材中。当下的无产阶级政党党章的某些条文可以说是狭义马克思主义世界观的一种白纸黑字式的呈现，这些条文决定了社会主义国家"怎样看世界"的基调,考察当下五个社会主义国家执政党的党章可以清晰地追溯其思想脉络的"前世今生"。演变的逻辑既有理论自我确证的需要,也有实践原则内生逻辑的影响。

考察当下五个社会主义国家执政党党章的条文表述,我们可以更清晰地看到其背后的狭义世界观的影子。

一、最初的信念

我们可以将最初的狭义世界观分为左右两个"眼睛",一个是怎样看别人,即对资产阶级国家看法的集合;一个是怎样看自己,即怎样进行社会主义社会建设原则的集合。

首先,怎样看别人。我们看资本主义世界的基本观点是资产阶级制度下的生产制度是恶的,进而他们的政治制度、新闻价值、选举制度等等就是虚假的。狭义世界观中起主要(支撑)作用的是劳动异化原则和剩余价值原则。

马克思《1844年经济学哲学手稿》中指出:"按照国民经济学的规律,工人在他的对象中的异化表现在:工人生产得越多,他能够消费得越少;他创造的价值越多,他自己越没用价值、越低贱;工人的产品越完美,工人自己越畸形;工人创造的对象越文明,工人自己越野蛮;劳动越有力量,工人越无力;劳动越机巧,工人越愚笨,越成为自然界的奴隶[①]"这就是我们熟知的劳动异化原则,但在当时马克思并没有找到数学公式来证明这一点,直到《资本论》第一卷的问世。马克思在该书中简明扼要地指出:"其中的 $G'=G+\triangle G$,即等于原预付货币额加上一个增值额。我把这个增值额或超过原价值的余额叫作剩余价值。"所以,原来的预付价值不但在流通中被保存了下来,且在流通过程中获得了一个增量,"或

---

① 《马克思恩格斯选集》第 1 卷,北京:人民出版社 2012 年,第 52—53 页。

者说增值了①"他还指出"生产剩余价值或赚钱，是这个生产方式的绝对规律②"资本主义生产方式下剥削的秘密被以数学公式的形式表述了出来，这两个原则也成为无产阶级看资本主义方式的最主要的窗口，或者说形成了一种思维定式。

这两个基本原则也引发了一系列实践层面的操作原则，比如对资本主义生产制度下无产阶级的同情原则、输出革命原则、无产阶级没有祖国原则，等等。

首先，引起了无产阶级对西方国家一种根深蒂固的恶感和对生活在其中的无产阶级的同情感，因为他们"他们受到自己的生产力和与之相适应的交往的一定发展——直到交往的最遥远的形态——所制约③"

其次，同情感又引起了无产阶级国家输出革命的原则，正如《德意志意识形态》中所指出的那样，实践的唯物主义者也即共产主义者来说，全部的使命就在于使"现存世界革命化，实际地反对并改变现存的事物④。"

最后，无产阶级没有祖国原则。"工人没有祖国"是《共产党宣言》中的一句话，它既是马克思主义理论中的一个原理，也是曾经的革命实践，更是一种观察世界的方式。首先，地域上理解。无产阶级无国籍，全世界只有"无一资"对立的环境，除此再无其他。至于为何要忘记国籍，因为资产阶级联盟同样是没有国籍的，马克思在《关于波兰的演说》中谈到："一个国家里在资产阶级各个成员之间虽然存在着竞争和冲突，但资产阶级却总是联合起来并且建立兄弟联盟以反对本国的无产者；同样，各国的资产者虽然在世界市场上互相冲突和竞争，但总是联合起来并且建立兄弟联盟以反对各国的无产者"。⑤又如，在《雇佣劳动与资本》中，马克思说道："工人不是属于某一个资本家，而是属于整个资本家阶

---

① 《马克思恩格斯选集》第2卷，北京：人民出版社2012年，第157页。
② 《马克思恩格斯选集》第2卷，北京：人民出版社2012年，第276页。
③ 《马克思恩格斯选集》第1卷，背景：人民出版社2012年，第152页。
④ 《马克思恩格斯选集》第1卷，背景：人民出版社2012年，第155页。
⑤ 《马克思恩格斯选集》1卷，人民出版社1995年版，第308页。

级"。① 既然资本家是一整块的,显然觉悟起来的工人阶级也应该是一整块的。工人阶级如何不分国籍的联合起来呢? 显然并不需要孔多塞极力推荐的世界语言作为粘合剂②,只需要具有共同的被压迫感即可。正如恩格斯在《关于共产主义者同盟的历史》中所指出的那样,仅仅依靠一种意识到自身阶级地位的一致性为基础的团结感,就可以使得全世界所有国家和讲各种语言的工人建立同样的"伟大无产阶级政党并使她保持团结"。③

其次,怎样看自己,可分为两个层面,一个是社会主义国家和无产阶级政党建设的原则,一个是社会主义国家人民如何看待自己国家的基本原则。社会主义国家发展的问题首要是物质生产的量的增加、而这不仅仅是区别与欧美国家空谈思想或"爱"来发展国家,这还是决定社会主义性质的标志性原则,此外工厂集体生产模式也引出了社会主义国家发展生产必须尊重集体原则,而这个集体原则也已融合到了社会主义国家的政治生活层面。

社会主义国家经济建设最开始的举措基本相似,就是剥夺剥夺者。正如《共产主义原理》中指出的,这种新的社会制度(即社会主义制度)首先必须剥夺有产者对工业和一切生产部门的经营权,而代之以所有这些生产部门由整个社会(即全民所有制)来经营。这样,这种新的社会制度将消灭竞争,而代之以联合。因为个人经营工业的必然结果是私有制,竞争不过是单个私有者经营工业的一种方式,所以私有制同工业的个体经营和竞争是分不开的。因此私有制必须废除,取而代之的是财产公有制。所以共产主义者完全正确地强调废除私有制是自己的主要要求④。

关于物质生产量的增长及其社会主义国家对比资本主义国家优越性的原

---

① 《马克思恩格斯选集》1 卷,人民出版社 1995 年版,第 337 页。

② [法]孔多塞:《人类精神进步史表纲要》,何兆武、何冰 译,江苏教育出版社 2006 年版,第 178 页。

③ 《马克思恩格斯选集》4 卷,人民出版社 1995 年版,第 209 页。

④ 《马克思恩格斯选集》第 1 卷,背景:人民出版社 2012 年,第 303 页。

则,马克思在《德意志意识形态》中指出:"个人是什么样的,这取决于他们进行生产的物质条件①"在公有制下的生产即是共产主义的性质。参与此类生产的人们必须尊重集体原则,这里有正反两方面的原因,其一是马克思看到了资产主义生产条件下自发性的局限性,其二是马克思从当时欧洲工人运动的集体力量中看到了集体性的重要性。马克思对西里西亚运动高度赞赏,他认为这次起义不仅勇敢,而且非常有计划,这是英国工人起义所不及的②。其在《德意志意识形态》中也有这样的思考,他认为建立共产主义实际上具有经济的性质,这就是为联合生产创造了物质基础,关于共产主义由此所造成的存在状况,他说道:"它使一切不依赖于个人而存在的状况不可能发生,因为这种存在状况只不过是各个人之间迄今为止的交往的产物③。"所以去个人化的原则渗透到了社会主义国家建设的方方面面。

以上这些基本原则也奠定了对应的社会主义国家上层建筑建设原则。主要有意识形态工作原则,其要旨如《德意志意识形态》所指出的那样,每一个试图取得统治权的阶级都必须首先取得政权,以便把"自己的利益又说成是普遍的利益,而这是它在初期不得不如此做的。"④此外还有共产党人的自身标准原则,《共产党宣言》中指出了无产阶级政党的建党基本要求:首先,共产党人没有任何同整个无产阶级的利益不同的利益。其次,共产党人在无产阶级运动中不提出任何特殊的原则。共产党人同其他无产阶级政党不同的地方只在于:一方面,共产党人把阶级利益置于民族情感之上;另一方面,在无产阶级和资产阶级的斗争过程中,共产党人始终代表整个工人运动的利益。因此,在革命实践方面,共产党人必定是"各国工人政党中最坚决的、始终起推动作用的部分";在理论方面,

---

① 《马克思恩格斯选集》第 1 卷,背景:人民出版社 2012 年,第 147 页。

② 中共中央党校国际工人运动史研究室:《国际工人运动史》,北京:中共中央党校出版社 1988 年,第 25 页。

③ 《马克思恩格斯选集》第 1 卷,北京:人民出版社 2012 年,第 202 页。

④ 《马克思恩格斯选集》第 1 卷,背景:人民出版社 2012 年,第 164 页。

他们比普通民众更了解无产阶级运动的条件、进程和一般结果。由此,马克思恩格斯指出:"共产党人的最近目的是和其他一切无产阶级政党的最近目的一样的:使无产阶级形成阶级,推翻资产阶级的统治,由无产阶级夺取政权。……共产主义的特征并不是要废除一般的所有制,而是要废除资产阶级的所有制。……共产党人可以把自己的理论概括为一句话:消灭私有制。"①

以上诸原则看似不相关,也可以单列出来研究,但实际上每一个原则(或可称之为信念)都与其他原则相互支撑、相互依赖,缺一不可。这些基本原则融入社会主义国家各级学校教材之后就培养了一代又一代具有相似思维定式的人。

二、当下的呈现

首先,"看别人"原则的显现。当下社会主义国家党章里对西方国家的看法都较为务实,并无马克思式的激烈批判描述,但大都保留了"输出革命"的原则,只是提法更委婉了一些。

越南共产党党章中有这样的提法:党把工人阶级的真正的爱国主义与纯洁的国际主义相结合,积极为世界人民你的和平、民族独立、民主和社会进步事业做贡献②。老挝人民革命党党章中亦如是表达:"将真正的爱国主义与工人阶级纯洁的国际主义相结合③。"古巴共产党党章也有相似的描述:"古巴共产党忠实于国际主义、反对帝国主义、全世界人民团结友爱等原则④。"

---

① 《马克思恩格斯选集》第 1 卷,北京:人民出版社 2012 年,第 413—414 页。
② 俞可平:《世界主要政党规章制度文献 越南、老挝、朝鲜、古巴》,北京:中央编译出版社 2016 年,第 184 页。
③ 俞可平:《世界主要政党规章制度文献 越南、老挝、朝鲜、古巴》,北京:中央编译出版社 2016 年,第 247 页。
④ 俞可平:《世界主要政党规章制度文献 越南、老挝、朝鲜、古巴》,北京:中央编译出版社 2016 年,第 324 页。

朝鲜劳动党党章中的描述则更为具体:"朝鲜劳动党为了使美帝国主义侵略力量撤出南朝鲜,结束各种外部势力的支配和干涉,粉碎日本军国主义重新侵略的阴谋活动,积极声援南朝鲜人民为争取社会的民主化和生存权利而进行的斗争,我们民族齐心协力,本着自主、和平统一、民族大团结的原则统一祖国,为实现国家和民族的统一而斗争。朝鲜劳动党本着自主、和平、友好的对外政策基本理念,加强同反帝自主力量的团结联合,发展同其他国家的睦邻友好关系,反对帝国主义的侵略和战争策动,为世界自主化与和平、为世界社会主义运动的发展而斗争[1]。"这当然也与朝鲜共产党面临国家分治和美国军事压迫的现实状况有关。

五个社会主义国家党章中更多显现的是"看自己"的原则。这里可以细分为几条原则,一个是经济建设的原则、一个是集体原则、一个是执政党自身规定。

首先,经济建设原则。恩格斯明确指认,社会政治史是所有专门史学中最重要的一个(没有之一)——人类社会的一切都必须围绕政治旋转,一切事务都要围绕着社会革命的早日爆发展开。他指出:"在一切历史变动中,最重要的、决定全部历史的又是政治变动。"[2]又如:"社会革命才是真正的革命,政治的和哲学的革命必定通向社会革命。"[3]而一切政治斗争都是阶级斗争,所以人们紧接着要围绕阶级理念旋转,而一切阶级斗争"归根到底都是围绕着经济解放进行的"[4],所以归根结底还是为了生活资料的生产及其分配方式。

中国共产党党章里对此的描述是非常具体翔实的:"中国共产党在领导社会主义事业中,必须坚持以经济建设为中心,其他各项工作都服从和服务于这个中

---

① 俞可平:《世界主要政党规章制度文献 越南、老挝、朝鲜、古巴》,北京:中央编译出版社 2016 年,第 302 页。

② 《马克思恩格斯选集》第 2 版第 3 卷第 334 页。

③ 《马克思恩格斯选集》第 2 版第 1 卷第 17 页。

④ 《马克思恩格斯选集》第 2 版第 4 卷第 251 页。

心。"①

其余四个无产阶级政党的描述较为简单,越南共产党章程的描述:"由胡志明创立和培育的越南共产党领导人民成功进行了'八月革命',建立了越南民主共和国(现为越南社会主义共和国),……进行了革新和社会主义建设事业②。"老挝人民革命党章程中的描述:"老挝人民革命党的宗旨是:带领全体老挝人民执行有原则的全面革新路线③。新时期党的突出成就是,我们党审时度势,制定了有原则的全面革新路线④。"朝鲜劳动党章程中的描述:"朝鲜劳动党活动的最高原则是不断提高人民生活⑤。"古巴共产党章程中的描述:"古巴共产党的根本目标是建设社会主义,党动员群众投身经济和社会发展⑥。"

其次,集体原则的显现。中国共产党党章中有明确的民主集中制的描述:"坚持民主集中制。民主集中制是民主基础上的集中和集中指导下的民主相结合。"⑦越南共产党章程里的描述:"党是一个严密的、意志和行动统一的组织,以民主集中制为基本组织原则⑧。"老挝人民革命党章程中有类似的描述:"老挝人

---

① 《中国共产党党章》,人民出版社 2017 年,第 9 页。

② 俞可平:《世界主要政党规章制度文献 越南、老挝、朝鲜、古巴》,北京:中央编译出版社 2016 年,第 183 页。

③ 俞可平:《世界主要政党规章制度文献 越南、老挝、朝鲜、古巴》,北京:中央编译出版社 2016 年,第 247 页。

④ 俞可平:《世界主要政党规章制度文献 越南、老挝、朝鲜、古巴》,北京:中央编译出版社 2016 年,第 248 页。

⑤ 俞可平:《世界主要政党规章制度文献 越南、老挝、朝鲜、古巴》,北京:中央编译出版社 2016 年,第 301 页。

⑥ 俞可平:《世界主要政党规章制度文献 越南、老挝、朝鲜、古巴》,北京:中央编译出版社 2016 年,第 323 页。

⑦ 本书编写组:《十九大党章修正案学习问答》,北京:党建读物出版社 2017 年,第 11 页。

⑧ 俞可平:《世界主要政党规章制度文献 越南、老挝、朝鲜、古巴》,北京:中央编译出版社 2016 年,第 183 页。

民革命党实行民主集中制的组织原则,坚持集体、个人负责。"①又如朝鲜劳动党章程中的描述:"党委员会活动的基础是集体领导。各级党委员会对于新的重要问题必须集体讨论决定并加以执行,并与党领导机关成员和党员的责任感和创造性密切结合起来②。"再如古巴共产党章程中的描述:"古巴共产党在更严格遵守列宁主义建党的民主集中制原则的基础上有机组织并发展其党内生活。民主集中制将自觉遵守纪律与最广泛的党内民主相结合,践行集体领导与个人负责相结合,面对错误开展批评与自我批评。所有这些保证了党员队伍的纯洁和凝聚力,在党员自由讨论和充分发挥主动性的同时,保证全党思想和行动的必要统一③。"

最后,执政党自身的一些规定。

中国共产党章程的描述:"党的建设必须坚决实现以下五项基本要求:……第三,坚持全心全意为人民服务。党除了工人阶级和最广大人民群众的利益,没有自己特殊的利益。"④又在"第一章 党员 第二条"中还有以下规定:"中国共产党党员是中国工人阶级的有共产主义觉悟的先锋战士。中国共产党党员必须全心全意为人民服务,不惜牺牲个人的一切,为实现共产主义奋斗终生。中国共产党党员永远是劳动人民的普通一员。除了法律和政策规定范围内的个人利益和工作职权以外,所有共产党员都不得谋求任何私利和特权。"⑤老挝人民革命党章程中也有类似的描述:"党员是坚持国家、工人阶级、劳动人民、各族人民的利

---

① 俞可平:《世界主要政党规章制度文献 越南、老挝、朝鲜、古巴》,北京:中央编译出版社 2016 年,第 248 页。

② 俞可平:《世界主要政党规章制度文献 越南、老挝、朝鲜、古巴》,北京:中央编译出版社 2016 年,第 307 页。

③ 俞可平:《世界主要政党规章制度文献 越南、老挝、朝鲜、古巴》,北京:中央编译出版社 2016 年,第 323 页。

④ 《中国共产党党章》,人民出版社 2017 年,第 19—20 页。

⑤ 《中国共产党党章》,人民出版社 2017 年,第 24 页。

益高于个人利益的人。"①其他三个社会主义国家对此的描述稍微淡化了一点，但都有相似的意思表达。

以上这些原则的设置，都直接或间接来源于马克思恩格斯制定的狭义世界观，实际上我们怎么看世界和看世界的方式早已确立了，我们只是忠实地按照马克思恩格斯看世界的方式继续看世界罢了。

三、演进方式及其逻辑

演进的方式有原汁原味、另立新意两种，虽然方式不同但蕴藏其中的演进逻辑是一致的。

首先，原汁原味的演进，五个社会主义国家基本上都秉承了马克思恩格斯制定的狭义世界观的大部分信念，这也是这五个国家安身立命之根本。我们所说的科学社会主义有一些基本的原则，这些原则就来自狭义世界观的核心部分。比如中国共产党党章里提到的："中国共产党以马克思列宁主义、毛泽东思想、邓小平理论、'三个代表'重要思想、科学发展观、习近平新时代中国特色社会主义思想作为自己的行动指南。"②越南共产党章程提及"党以马克思列宁主义和胡志明思想为思想基础和行动指南"、老挝人民革命党章程也有类似表述"老挝人民革命党坚持以马克思列宁主义、凯山·丰威汉思想作为党的思想和理论基础、组织与行动指南"③等等。

其次，另立新意的演进方式，这是由于实践原则的指导。世易时移，每一位马克思主义经典作家面对不同的形势会有不同的做法，当下的事用当下的思维

---

① 俞可平：《世界主要政党规章制度文献 越南、老挝、朝鲜、古巴》，北京：中央编译出版社 2016 年，第 249 页。

②《中国共产党党章》，人民出版社 2017 年，第 1—2 页。

③ 俞可平：《世界主要政党规章制度文献 越南、老挝、朝鲜、古巴》，北京：中央编译出版社 2016 年，第 247 页。

去完成效果显然更好。过去某得历史阶段，五个社会主义国家将某个历史阶段的思想视为所谓"顶峰"的做法究其根源，一是由于马克思主义理论当中的内在逻辑所影响，二是受到了苏联人的影响，三是这样的做法也契合了五个社会主义国家传统政治生态的气质。

　　即使在当下，我们的一些自我变革的做法放在改革开放之初也是难以想象的，但情况已发生了变化因应做出改变就是必须的。

第五章 马克思主义世界观与历史观同质同畴

马克思主义世界观与历史观同质同畴,是它们是一个东西也是合乎情理的。

主客观科学的结合,这是马克思历史科学的主要史学特征。追寻没有原因的原因,是马克思历史科学方法论主要的哲学特征。马克思看历史与马克思写历史的那些人和事,是不一样的领域。"历史不仅指真正发生的事件,而且也指这些事件是怎样被报道和描述的。因而史学家称过去发生的事件为历史,称撰写历史为历史叙述,从而把两者区分开来。'历史'和'写史'的差异产生出两者间的张力,这种张力使从事研究工作的历史学家在描述他所探讨的对象时既能起能动作用,又须采取负责态度。把史实变成史书。"①

---

① [德]迪特尔.拉甫,波恩:《德意志史》,Inter Nationes,1985 年,第 7 页。

详近略远的记史原则,更利于现实的参考借鉴。

第一节 "看往事"的方式体现出的世界观特征

首先,生产力与生产关系的基本矛盾是人类社会发展的"一"。马克思并没有追踪人种起源,他认为人类历史只是从人类社会"除了先前的历史发展之外没有任何其他前提"[①]的某个片段开始其叙述的。

在唯物史观的叙事中,人类社会最初的生产大概是这样的:一个又一个的人类个体,面对着"吝啬"[②]的大自然,为了解决吃饭的问题,抛弃了血亲自助[③],不同血统的人们走到了一起,结成了求食团队——人们的生活自古以来就建立在这种或那种社会生产上面[④]。

采集的食物多寡与人们采食的能力是直接相关的,人们所达到的生产力的总和决定着社会状况[⑤]。而分配的多寡则牵涉到人与人之间的关系,不管哪一种分配方式,都会在团队内部形成某种形式的人群划分,人们逐渐发现自己与子女的处境一旦形成就极难更改。从此,人们本身的产物聚合为一种统治人们的、不受人们控制、使人们的愿望不能实现并使人们的打算落空的物质力量[⑥]。

不甘心分得食物少的人员团结起来试图推翻旧的分配制度,当他们掌握了最新的采食工具,团队的分配秩序就有可能被改变了。如此循环反复,人类社会

---

① 《马克思恩格斯全集》第 30 卷,北京:人民出版社,1995 年,第 479—480 页。

② 当自然异常富饶时,便没有人类历史,因为这样不能使人自身的发展成为一种自然必然性。简言之,自然界不"慷慨"本身就是人类社会得以发展的先决条件。

③ 罗马部落联盟最初是建立在血缘关系之上,拉丁同盟是在原始氏族部落制度的基础上建立起来的。唯物史观的故事,我们可以理解为是在[美]滕尼·弗兰克:《罗马帝国主义》,宫秀华 译,上海三联出版社 2008 年,第 4 页。

④ 《马克思恩格斯全集》第 30 卷,人民出版社 1995 年,第 481 页。

⑤ 《马克思恩格斯选集》第 1 卷,人民出版社 1995 年,第 80 页。

⑥ 《马克思恩格斯选集》第 1 卷,人民出版社 1995 年,第 85 页。

就从初级向高级形态迈进了,如马克思所说:"已成为桎梏的旧交往形式被适应于比较发达的生产力,因而也适应于进步的个人自主活动方式的新交往方式所代替;新的交往形式又会成为桎梏,然后又为别的交往形式所代替。"①

采食能力所体现的生产力与分配体系所体现的生产关系的矛盾,就成为推动人类社会一步一步走到今天的力量,这种力量还将推动人类走向那个不再为食物发愁的社会形态。

其次,阶级的决定因素是"一"。将客观经济现实的优先性②放在首要位置的古典政治经济学家们对社会阶级的划分聚焦于一点:生产要素,即"有什么"归根结底"是什么"。马克思也曾以此作"刀"切分社会人群,他说道:例如,医生和官吏似乎也形成两个阶级,因为他们属于两个不同的社会集团,其中每个集团的成员的收入都来自同一源泉。对于社会分工在工人、资本家和土地所有者中间造成的利益和地位的无止境的划分,——例如,土地所有者分成葡萄园所有者,耕地所有者,森林所有者,矿山所有者,渔场所有者,——似乎同样也可以这样说。③

在马克思看来,分工和私有制是相等的表达方式,对同一件事情,一个是就活动而言,另一个是就活动的产品而言④。无序的人群被分工这个标准划分出了不同的集团,从此再也不能"超出这个范围:他是一个猎人、渔夫或牧人,或者是一个批判的批判者,只要他不想失去生活资料,他就始终应该是这样的人,"⑤子女也随之被固定在与自己父母一样的人群中。

马克思对社会人群划分的观察基于史籍的学习和对 19 世纪中叶社会现实

---

① 《马克思恩格斯选集》第 1 卷,人民出版社 1995 年,第 124 页。

② 张一兵:《回到马克思—经济学语境中的哲学话语》,江苏人民出版社 2005 年,第 36 页。

③ 《资本论》第 3 卷,人民出版社 2004 年,第 1002 页。

④ 《马克思恩格斯选集》第 1 卷,人民出版社 1995 年,第 84 页。

⑤ 《马克思恩格斯选集》第 1 卷,人民出版社 1995 年,第 85 页。

的批判。他认为工人阶级只能是与资本主义同时发生的,他指出:"人数较多的工人在同一时间、同一空间(或者说同一劳动场所),为了生产同种商品,在同一资本家的指挥下工作,这在历史上和概念上都是资本主义生产的起点。"①他所描述的不仅仅是资本主义生产方式的起点,并且也是现代意义上的工人阶级产生的起点。资本主义生产方式与雇佣工人阶级的产生是相辅相成的,因为"那些造成资本主义生产的基本条件,即雇佣工人阶级的存在的情况,也促使一切商品生产过渡到资本主义的商品生产。"②

　　马克思的阶级定义特征可以简单归纳为三个。第一,阶级与工业运动直接相关——例如德国无产阶级只是通过兴起的工业运动才开始形成③。第二,阶级围绕财产及其分配方式展开斗争,他在《共产党宣言》中再次强化了这个标准:"资产阶级是指占有社会生产资料并使用雇佣劳动的现代资本家阶级。无产阶级是指没有自己的生产资料、因而不得不靠出卖劳动力来维持生活的现代雇佣工人阶级。"④这些描述就是列宁所作的阶级定义的理论基础。第三,人永远无法更改自己的阶级属性,只有团结起来进行社会革命。

　　最后,人类社会的终点站是"一"。"物质观"与人类社会发展的基本动力汇合,形成了唯一一种人类发展辩证法:从原始社会开始直到共产主义社会,每一种社会经济形态的发展方向只能是这样,唯物史观的任务"就在于发现这个过程的运动规律。"⑤生产力与生产关系的矛盾,导致了阶级斗争,而阶级斗争必然一步一步地推动人类社会走到共产主义社会。进入到阶级社会之后,人类社会的火车加快了进入到无阶级社会的进程⑥。

---

①　《资本论》第 1 卷,人民出版社 2004 年,第 374 页。
②　《资本论》第 2 卷,人民出版社 2004 年版,第 43 页。
③　《马克思恩格斯选集》第 1 卷,人民出版社 1995 年,第 15 页。
④　《马克思恩格斯选集》第 1 卷,人民出版社 1995 年,第 272 页。
⑤　《马克思恩格斯选集》第 3 卷,人民出版社 1995 年,第 364 页。
⑥　《马克思恩格斯选集》第 4 卷,人民出版社 1995 年,第 547 页。

　　求食团队一直梦想着一种物质极大丰富，人人平等的享受像泉水一样涌出的物质资源，归根结底是不再受求食的困惑，人们可以腾出时间满足自己的精神需求，同时实现"对物质世界的完全掌握"①。马克思的蓝图不仅是一张纯粹的经济蓝图，更是一张社会发展史的蓝图。由基本矛盾必将导引出社会发展的一个终极发展目标——共产主义社会。

　　对以上诸多"一"的追求是与现实相对应的，或者仅仅是一个理论上的聚焦？"一"肯定是一个理论抽象，史学家们必须从诸多动力中追溯到历史的动因②，也就是找到一个不能继续追问的"一"。我认为，诸多"一"的得来，有现实的和理论的两个根源。现实上，与 19 世纪欧洲社会革命息息相关，随着历史的演进以及无产阶级斗争的日益明显，无产阶级的理论家就不需要"在自己头脑里找寻科学了；他们只要注意眼前发生的事情，并且把这些事情表达出来就行了。"③理论上，人类社会是物质的，所以必须遵循与自然界一样的规律，而哲学家将它总结出来即可，这种规律只有一个，所以无论谁总结，它都必须是同一个样子。

第二节 "看描述往事的人和书" 所体现出来的世界观特征

首先，治史必须带有鲜明的政治立场。马克思治史的目的是为了治世，他"返回去"是为了证明"现在是怎么来的"、"现在必将不存在"等论题的，证明的过程不全是史料的合逻辑推演，也夹杂有纯粹辩证法的运算。

　　其次，反对纯粹编年史。从中学论文开始，马克思就认为编年史不可取，他欣赏编年史留存的史料，但认为没有贯彻史家意志，特别是没有贯彻了正确历史

---

　　① ［英］安东尼·吉登斯：《历史唯物主义的当代批判：权力、财产与国家》，郭忠华 译，上海译文出版社 2010 年，第 074 页。

　　② 《马克思恩格斯选集》第 4 卷，人民出版社 1995 年，第 248 页。

　　③ 《马克思恩格斯选集》第 1 卷，人民出版社 1995 年，第 155 页。

分析法的编年史是不可取的。

再次，对史家的态度，认同志同道合者。成熟马克思以两个标准划分史学界：物质到思想或相反；是否看到阶级斗争的作用。那些自觉或不自觉执行这两个标准的史学家，马克思是认可的。比如毛勒、弗腊斯、弗列罗夫斯基等史家。

最后，历史发展有自身明确的目的。马克思、恩格斯明显接受并改造了黑格尔的历史目的论，让我们看一看黑格尔的历史观：

历史是世界精神（进而言之，是人的意识）的历史，它经历了自我认识的发展，它的促进因素和载体是一种文化，当这种文化激发了超出它所能包含的更多的发展时，它就要灭亡。

再比对马克思的历史观：

历史是人类辛勤劳动的历史，它经历了生产能力的发展，它的促进因素和载体是一种经济结构，当这种经济结构激发了超出它所能包含的更多的发展时，它就要灭亡[①]。

虽然句子中的关键词发生了改变，但无异议的是，马克思传承了黑格尔的历史目的论：历史是一个从较低级的规定性向较高级的规定性发展的过程。历史是有目的的，在同样的规律下，人类历史只能有一种目的地。"在马克思看来，经济方式是社会生活的基础，并决定社会生活的性质，正如一个社会形式更为确切的标志，即使在说话者对经济和社会之间的联系还不甚清楚的情况下，也大都由经济方式来确定一样。在社会学中——按马克思和黑格尔的意思，这在概念上是完全正确的——人们一般地说资本主义社会（较早的社会哲学家谈的是'市民的'或'文明的'社会）、封建社会、农业共产主义社会、早期资本主义社会、手工社

---

① ［英］G·A·科恩：《卡尔·马克思的历史理论—一种辩护》，段忠桥 译，高等教育出版社 2008 年，第 41—42 页。

会等。总之,社会的阶段就是按照经济方式来确定的。"①

历史目的论的来源并非完全源自黑格尔,19 世纪德国几乎所有政治史学家——尼布尔、达尔曼、兰克、魏茨、基泽布雷希特、德罗伊森、豪伊瑟、马克斯·邓克尔、聚贝尔、蒙森和特赖奇克都赞成普鲁士占支配地位的"小德意志"。在他们看来,"一个民族的形成过程在所有国家都是一样的,这简直就像确定的法则一样。"②马克思、恩格斯对此稍微做了一点修改,将"全世界都要像德国那样的发展"改成了"都要像英国那样发展":英国起飞和走向成熟的事例,形成马克思的各种范畴的是英国的工业革命以及英国在起飞以后发生的情况。

---

① [德]亨利希·库诺:《马克思的历史、社会和国家学说》,袁志英 译,上海译文出版社 2006 年,第 245 页。
② [法]安托万·基扬:《近代德国及其历史学家》,黄艳红 译,北京大学出版社 2010 年,第 2 页。

第六章 二者的马克思主义贯通：唯物史观的转义及其话语表达

　　从后现代历史叙事学的视角来看，"转义"既是一种史学笔法同时也是一种思维方式，它是一座能将浮之于不能自我言说的物件或制度之上的意义说出来的"桥梁"，其且能将不同时代、不同维度的事物连接了起来并不断形成新的哲学或历史话语表达体系。唯物史观就是用转义的笔法或思维方式从不同史家提及的铁器、城堡、政治制度演变等史料中演绎出来的一个"故事"，这个故事的源头可以追溯到一条鱼上，自人类学会用火炙烤鱼类之后引发了人类沿着江河湖海的大迁徙，自此拉开了人类社会政治经济结构变化的序幕。路易斯·亨·摩尔根的《古代社会》并非唯物史观的最初的史料来源，但晚年马克思和恩格斯对它的解读和转义提升了唯物史观的理论饱满度，科学的理论照进了现实里。恩格斯在马克思读书摘要的基础上再次解构了摩尔根的《古代社会》一书的内容，并将它转义为了一个唯物史观的话语表达体系。转义的笔法或思维方式随着时代内容的变迁而变迁，唯物史观的内容也随之不断得到丰富和发展。

唯物史观的"故事"采取了直线叙述的方式，它的源头可追溯到一条鱼身上。自人类开始食用用火烤制的随处可得的鱼类开始[①]，人类沿着江岸、海岸的大迁徙就开始了[②]，然后是人类对谷物淀粉类食物的发现和耕种，获得了稳定的食物来源之后人类开始在某个地方定居了下来，自此人类社会政治经济结构走上了从血缘家庭到氏族再到阶级分化最后复归阶级消亡的道路。唯物史观来自于马克思恩格斯对诸多史家提供的史料的转义，这些史家如荷马、基佐等人所记载的实物器件和人类生活生产制度变迁被马克思恩格斯转义成了一种科学的历史观。

如何从一种无意义的物件或制度上看出其背后的意义并描述出来，这实在不是一件容易做到的事。真实的历史场景是一幅多事件并起、人类诸多活动并举的图画，如何从这些遗存下来的实物或文字记录中提取出按一定逻辑顺序排列的有特定意味的文字以此说明人类历史"为什么那样发生而不按其他方式发生"[③]的历史观，这就需要使用到转义的方法或思维方式。所谓转义，可以理解为不同维度的事物照射到另一个维度事物的状况，按照海登·怀特的话说就是关于事物如何相互关联的一种观念向另一种观念的运动[④]。例如，史学家们判定公元前 2000－1400 年在诺萨斯（Knossos）的迈诺斯宫殿（the Palace of Mi-

---

① [美]摩尔根：《古代社会》，杨东莼 等译，北京：商务印书馆 1971 年，第 31—32 页。

② 《马克思恩格斯全集》45 卷，北京：人民出版社 1985 年，第 328 页。

③ [俄]普列汉诺夫：《普列汉诺夫哲学著作选集》2 卷，北京：人民出版社 1961 年，第 720 页。

④ [美]海登·怀特：《后现代历史叙事学》，陈永国 张万娟 译，北京：中国社会科学出版社 2003 年，第 3 页。

nos)里发掘出来的文物具有"欢乐"的性质①，这即是一种转义的笔法，史学家想以此来勾勒一幅当时的人们衣食富足、积极向上的样子的图画。但实物自身并不会"欢乐"，这种情绪来自于史学家的渲染，其目的是增强读者对史书的信度。与此类似，从历史记录（或实物）到史家思维的网结再到形诸文字建立新的话语体系，这就是《家庭、私有制和国家的起源》对《古代社会》转义的逻辑顺序，这样的转义使得此二者都获得了足够的理论张力：唯物史观找到了新的现实载体、《古代社会》则获得了新的意义。

一、史源

《家庭、私有制和国家的起源》有两个书源，一个是马克思的《摩尔根＜古代社会＞一书摘要》，《古代社会》正是马克思介绍给恩格斯的②。恩格斯清晰地指出了他与马克思为何在晚年特别关注摩尔根的《古代社会》和关注的视角，他说道，在某种限度内他可以说是他和马克思两人的——唯物主义的历史研究所得出的结论来阐述摩尔根的研究成果，并且只是"这样来阐明这些成果的全部意义。"③这里既表明了《家庭、私有制和国家的起源》是对马克思《摩尔根＜古代社会＞一书摘要》的完整表述，也表明了唯物史观虽然并非源于《古代社会》提供的史料，但解读它又有重要的现实意义。

另一个书源当然就是摩尔根的《古代社会》。《家庭、私有制和国家的起源》的副标题就是"就路易斯·亨·摩尔根的研究成果而作"，这已很清楚地说明了晚年恩格斯最主要关注的史书之一就是摩尔根的《古代社会》。晚年马克思恩格

①　［美］Mortimer Chambers：《古代希腊史与罗马共和史》，刘景辉 译，中国台湾：台湾学生书局 1989 年，第 4 页。

②　中山大学哲学系：《马克思主义哲学史稿》，北京：人民出版社 1981 年，第 192 页。

③　《马克思恩格斯选集》4 卷，北京：人民出版社 2012 年，第 12 页。

斯对摩尔根《古代社会》是肯定和认同的,他们认为这本书重述了此前 40 年他们发现的唯物史观,恩格斯为此解释道:"摩尔根在美国,以他自己的方式,重新发现了 40 年前马克思所发现的唯物主义历史观,并且以此为指导,在把野蛮时代和文明时代加以对比的时候,在主要点上得出了与马克思相同的结果①。"

恩格斯使用了转义的方法将《古代社会》的描述转化为了唯物史观的话语表达方式,他对同一个历史事件或实物(比如摩尔根提及的石头城、家族制、氏族制、生计、财产等等)改变了其原来的名称和内涵然后用在了新的话语体系中。此类笔法使用的效果是显而易见的,正如马克思在《摩尔根<古代社会>一书摘要》所说的:"借更改名称以改变事物,乃是人类天赋的诡辩法,当实际的利益十分冲动时,就寻找一个缝隙以便在传统的范围以内打破传统!"②恩格斯从该书的史料记录中提取了四个关键词:食物—生产资料—阶级—国家,随后就用转义的方法将此四者进行理论上的提升后顺理成章地复述了一次他与马克思此前几十年早已得出的阶级斗争及其社会经济形态演变规律的唯物史观话语体系。实际上,转义的笔法一直广泛存在于史学界中,凡是史学家要在自己的著述中建立一种历史观,他就必然要转义前贤的史料。

摩尔根显然并不是人类历史上第一个史学家,他的史学知识也主要来自于前贤的史学资料而非田野调查,《古代社会》一书的大部分内容的资料来源均不是来自于摩尔根最熟悉的易洛魁部落田野调查,当摩尔根描述希腊、罗马部落状况的时候,他与我们一样,也只能参考前贤史学家的已有资料。我们或可以这样说,对易洛魁部落的田野调查,给摩尔根更多的是一种灵感上的激发和一定的史料积淀而已。简言之,摩尔根也只是人类史学资料链条上的一环而已,他转义前贤别人转义他……。摩尔根看别的史学家的资料,然后把别人描述的场景以自己特定的"有色眼镜"扫描后转义放到了自己的场景之中,无史料支持的地方摩

---

① 《马克思恩格斯选集》4 卷,北京:人民出版社 2012 年,第 12 页。
② 《马克思恩格斯全集》45 卷,北京:人民出版社 1985 年,第 467 页。

尔根也加入了自己的一些主观猜测,当然他也都及时作出了说明。摩尔根在《古代社会》中通过四个板块展现了他对人类理智、政府观念、家族观念、财产观念如何从古代社会发展到现代文明社会的历程,这本身当然也必然包含了一个转义的过程,恰如他所说的,某些观念、情感和希冀,是"逐渐形成和连续发展的。在它中占着最显著地位的,可以概括的说是从一些互有关联的特殊观念成长而来的。"①摩尔根通过易洛魁部落田野调查和其他国家史学家的文献资料将这些远古时期的观念诸如"生计"、"政治"、"语言"、"家族"、"宗教"、"家庭生活及建筑"、"财产"用他所处时代的正字法转义成了《古代社会》中的文字形态的观念体系,或者说摩尔根式的历史观。摩尔根对古代社会分门别类进行了描述,实际上人类社会是浑然一体的,就事实来说是无法截然分开的,但要形成文字史就必须对之进行分类,转义从史学家对史实分门别类叙述的时候就已开始了自身的行程。这样的例子在《古代社会》里比比皆是,比如当摩尔根说出"把财产的欲望视为高于一切欲望,标志着文明的开始"②时,这就是一种从前贤史料转义为自己历史观的一句话。又如摩尔根对铁器使用的文字说明:"铁的获得,是人类经验中的事件中的大事件,没有可与它相等、没有可与它相匹敌的,除了它,其他一切发明及发现都是无足道的,或至少是出于从属地位的③。"这就将一种金属赋予了某种人类的情感因素和希冀。戴着唯物史观的"有色眼镜",马克思对此又转义了一次:"人类在地球上获得统治地位的问题完全取决于人们(即人们)在这方面—生存的技术方面—的巧拙④。"类似例子在《古代社会》中俯拾皆是。

　　与此相类似的是,马克思恩格斯发现的唯物史观也转义自于很多位史学家的资料,最初的史料来源肯定不包括《古代社会》,此书彼时尚未成型。晚年马克

---

①　[美]摩尔根:《古代社会》,杨东莼 等译,北京:商务印书馆1971年,第4页。

②　[美]摩尔根:《古代社会》,杨东莼 等译,北京:商务印书馆1971年,第6页。

③　[美]摩尔根:《古代社会》,杨东莼 等译,北京:商务印书馆1971年,第67页。

④　《马克思恩格斯全集》45卷,北京:人民出版社1985年,第331—332页。

思恩格斯对《古代社会》的重视,其意义在于利用彼时最新研究成果获得一种对自身理论的重新确认,并使得自己理论的饱满度获得进一步的提升。

二、转义

对《古代社会》和其他史学家的史料的转义在《家庭、私有制和国家的起源》是大量存在着的,这种笔法既有对摩尔根史料的应用,也有对其他史学家材料的应用,然后是恩格斯本人在理论上对诸多史料的理解和提升。正如恩格斯自己所说的:"在关于希腊和罗马历史的章节中,我没有局限于摩尔根的例证,而是补充了我所掌握的材料。关于凯尔特人和德意志人的章节,基本上是属于我的;在这里,摩尔根所掌握的差不多只是第二手的材料,而关于德意志人的材料——除了塔西佗以外——还只是弗里曼先生的不高明的自由主义的赝品。经济方面的论证,对摩尔根的目的来说已经很充分了。最后,凡是没有明确引证摩尔根而作出的结论,当然都由我来负责①。"毫无疑义,恩格斯也是戴着唯物史观的"眼镜"去看待《古代社会》,因为要"还戴着妓院眼镜去观察原始状态,便永远不可能对它有任何理解。"②

《家庭、私有制和国家的起源》通过《古代社会》的四个关键词食物、家庭、阶级、国家进行了转义,恩格斯正是以此为"窗口"将摩尔根的《古代社会》转义成了唯物史观的话语表达体系的。

首先,食物。"生计"在摩尔根列举的七个人类观念体系中名列第一,其重要性恰如摩尔根所指出的:"实在可以说,人类乃是对于食物之生产取得的绝对的控制权的唯一的生物;但是,在开始时,人类所具有的并不高于其他动物。倘若生存的基础不扩大,人类便不会发展到不具有同一种类之食物的其他地域中去,

---

① 《马克思恩格斯选集》4卷,北京:人民出版社2012年,第14页。
② 《马克思恩格斯选集》4卷,北京:人民出版社2012年,第44页。

最终发展到整个地面上去；最后，倘若人类对于食物之种类及其分量上没有取得绝对的控制权，那么，他们便不会繁殖而成为人口稠密的许多民族。根据以上所述，所以人类进步上的许多伟大时代，多少都直接地与生活资源之扩大相一致的①。"摩尔根实际上已不自觉地触及到了唯物史观的核心内容，但他显然还未达到将之明确说出来的理论自觉。

而恩格斯将摩尔根"粗糙"的话进行了转义和提升，恩格斯将"吃"和"食物"或"生计"上升到社会生产力和生产关系的高度。恩格斯指出，"我们可以把摩尔根的分期概括如下：蒙昧时代是以获取现成的天然产物为主的时期；人工产品主要是用作获取天然产物的辅助工具。野蛮时代是学会畜牧和农耕的时期，是学会靠人的活动来增加天然产物生产的方法的时期。文明时代是学会对天然产物进一步加工的时期，是真正的工业和艺术的时期②。"并且，"在旧大陆，家畜的驯养和畜群的繁殖，开发出前所未有的财富的来源，并创造了全新的社会关系。"③此点马克思也早已描述过："人类在地球上获得统治地位的问题完全依附于他们（即人们）在这个领域——生产资料的生产——中的技术。人类可以说是在食物生产这一领域达到绝对支配地步的唯一生物。人类进步的伟大时代多少和食物来源的扩大直接相符④。"

其次，家庭架构的变化。在《古代社会》第三编"家族观念的发展"中，摩尔根描述了五种主要的家庭架构及其连续发展历程。叙述的过程中突出了氏族社会和父权制的建立过程。摩尔根对诸多类型氏族的家庭结构进行了分析，他的结论是氏族是原始社会的基本组织，通过结合文献资料和对易洛魁氏族的田野调查数据他合理的推测人类最早的氏族组织都是母系制的，世系都是女系的，从母

---

① ［美］摩尔根：《古代社会》，杨东莼 等译，北京：商务印书馆1971年，第28页。
② 《马克思恩格斯选集》4卷，北京：人民出版社2012年，第35页。
③ 《马克思恩格斯选集》4卷，北京：人民出版社2012年，第62页。
④ 马克思：《摩尔根＜古代社会＞一书摘要》，北京：人民出版社1965年，第4页。

系转变为父系是一个较长的过程。这也是摩尔根历史观的一个基调,他认为人类的各项制度均是累进而成,后者总是带着前者的气息。他指出:近世各种制度具有贯通各时期的直系的系统,有其血缘的源流,而同时是一种逻辑的发展①。摩尔根所认为的历史直线式发展逻辑与唯物史观自身的逻辑也是合拍的,虽然多年后列宁对之有螺旋式上升的新提法,但这并不会影响到历史发展总体而言是直线式的且有明确目的地的唯物史观叙述逻辑。历史若无目的,其则必无意义。此外,摩尔根从考察亲属制的变迁中总结了人类配偶史的五种形态,即:血缘家族、群婚家族、对偶家族、父权家族和单偶家族。摩尔根明确认为,家族制的变迁的出现不是人类社会自然选择的结果,它是随着社会经济条件的变化而变化的结果。他指出:"以性为基础的级别组织,以及继之而起的以血族为基础的高级氏族组织,都必须视为系借自然淘汰不知不觉地而发生的社会大运动的结果②。"在他看来,氏族制度随着人类的进步经过了一系列的连续发展阶段,由其原始的形态递变到最终的形态。此种变迁,主要的限于两方面:第一,从原始法则的女性本位世系转变为如希腊、罗马所流行的男性本位世系;第二,改变死亡者之财产继承在古代由死者所属的氏族成员所继承,而为其男性亲族所继承,最后更改为由他的子女所继承。摩尔根认为,这样的变迁骤然视之似乎是很轻微的,实则是"表示社会状态的重大激变和累进发展的一巨大程度③。"

恩格斯显然认同摩尔根的分析,在他的著述中大段地复述了摩尔根的原文,但恩格斯显然并不认为摩尔根的说法达到了与唯物史观一样的高度,他由是通过解构摩尔根的对家族制度发展的原文展开了转义的描述。由于缺乏足够的史料,摩尔根和恩格斯都无法精确地描述母系制度转为父权制度的全过程。恩格斯合理地推测认为,废除母系制是人类历史上最伟大的革命之一,且过程是自然

---

① [美]摩尔根:《古代社会》,杨东莼 等译,北京:商务印书馆1971年,第4页。

② [美]摩尔根:《古代社会》,杨东莼 等译,北京:商务印书馆1971年,第74页。

③ [美]摩尔根:《古代社会》,杨东莼 等译,北京:商务印书馆1971年,第100页。

而然的,这是生产力的内因起作用使得两种系别制度自动进行了转化。恩格斯接着推测认为,此间并未有暴力革命的发生,因为这种转换并不需要侵害到任何一个活着的氏族成员。氏族的全体成员都仍然能够和以前一样。只要有氏族集体作出一个简单的决定,规定以后氏族男性成员的子女应该留在本氏族内,而女性成员的子女应该离开本氏族,转到他们父亲的氏族中去就行了。这样就废除了按女系计算世系的办法和母系的继承权,确立了按男系计算世系的办法和父系的继承权。当然恩格斯也坦率承认自己的说法有猜测的成分,因为这一革命在文化民族中是怎样和在何时发生的,人们毫无所知。它是完全属于史前时代的事①。与此同时,恩格斯将阶级理论贯彻到了家族制发展史中。在他看来,当父权制和专偶制随着私有财产的分量超过共同财产以及随着对继承权的关切而占了统治地位的时候,结婚便更加依经济上的考虑为转移了。买卖婚姻的形式正在消失,但它的实质却在越来越大的范围内实现,以致不仅对妇女,而且对男子都规定了价格,而且不是根据他们的个人品质,而是根据他们的财产来规定价格。当事人双方的相互爱慕应当高于其他一切而成为婚姻基础的事情,在统治阶级的实践中是自古以来都没有的。至多只是在浪漫故事中,或者在不受重视的被压迫阶级中,才有这样的事情②。恩格斯为此还融入了社会分工理论来说明,他明确指出,父权制家庭的出现是由人类寻找食物的能力即通俗地说是生产力决定的,是生产能力的提升启动了男权社会的大幕。恩格斯认为,是家庭内的分工决定了男女之间的财产分配。这种分工把母系与父权两种家庭关系完全颠倒了过来,这纯粹是因为家庭以外的分工已经不同了。母系制度保证妇女在家中占了统治地位,但在妇女的家务劳动与男子谋取生活资料的劳动比较起来相形见绌的时候,男子的劳动就成为一切,妇女的劳动就显得无足轻重了③。

---

① 《马克思恩格斯选集》4卷,北京:人民出版社2012年,第64—65页。
② 《马克思恩格斯选集》4卷,北京:人民出版社2012年,第90页。
③ 《马克思恩格斯选集》4卷,北京:人民出版社2012年,第178—179页。

再次，阶级的形成。摩尔根也认为财产占有程度的不同是造成阶级成型的一个关键因素，所以他首先是从财产观念入手来谈阶级问题的。在《古代社会》第四编"财产观念的发达"中，摩尔根从财产公有描述了转变为私有的历程，此并与该书第三编有内容上的一一对应关系，人类社会诸多事件总是有千丝万缕的联系的，或者说原本就是一件事。关于财产观念的形成，摩尔根说道："财产观念在人类的心灵中是徐徐地形成的，在漫长的时期中均停留在初生的及微弱的状态之中。它发生于野蛮时代之中，并需要此一时代及继起的开化时代的一切经验来发展这种萌芽，以准备人类的头脑来接受这一观念的支配的影响。把财产的欲望视为高于一切欲望，标志着文明的开始。财产观念不但导使人类克服了使文明发展迟滞的许多障碍，而且使人类借这一观念在领土和财产的基础上建立了政治社会。关于财产观念进化的正确知识，在某些方面上，将体现人类精神史中最显著的部分。"①很明显，财产私有观念的自然而然的发展必将带来人类社会以此为最高度量标准分化出"贫"和"富"的人群。

在摩尔根对古希腊史料的整理中，是古希腊的提修斯首先把大众分为三个阶级，这三个阶级分别被称为"士族"、"农民"和"工匠"，凡属民政和宗教方面的主要官职都由第一阶级的人担任。摩尔根还指出，梭伦、塞尔维乌斯、李启纽斯、努玛等人都尝试过按照财产、技术、职业等标准度量划分社会阶级的试验②。事实上，摩尔根可能没有注意到，远在塔西佗的记载之前，《荷马史诗》中即有"先知、医者、木匠、诗人同属'工作者'的范畴，即用自己的手艺或本领为民众服务的人。无业游民似乎亦属自由人阶层"③的记录。

恩格斯对摩尔根阶级观进行了唯物史观式的转义，他一针见血地指出，阶级

---

① ［美］摩尔根：《古代社会》，杨东莼 等译，北京：商务印书馆1971年，第6—7页。

② ［美］路易斯·亨利·摩尔根：《古代社会》，杨东莼 等译，南京，江苏教育出版社，2005年，211、214、263、265 页。

③ ［古希腊］荷马：《荷马史诗》，陈中梅 译，北京，中国书籍出版社，2006 年，译本序 19页。

的形成,归根结底在于人类的贪欲。在恩格斯的眼里,人类文明时代正是以这种人以群分的基本制度完成了古代氏族社会完全做不到的事情。但是,人以群分是用激起人们的最卑劣的冲动和情欲,并且以损害人们的其他一切禀赋为代价而使之变本加厉的办法来达到目标的。他说道:"鄙俗的贪欲是文明时代从它存在的第一日起直至今日的起推动作用的灵魂;财富,财富,第三还是财富,——不是社会的财富,而是这个微不足道的单个的个人的财富,这就是文明时代唯一的、具有决定意义的目的①。"恩格斯同意摩尔根的一个看法,即氏族财产公有制迟早都会被打破的,当然这也并全都不意味着是人类社会的倒退,资本主义工商业对人类历史的推动作用是马克思恩格斯高度认同的,此处可以参见他们在《共产党宣言》中的相关描述。所谓的阶级社会,在恩格斯看来也可以说是文明社会的开端。他认为,文明时代就是社会发展的这样一个阶段,在这个阶段上,分工,由分工而产生的个人之间的交换,以及把这两者结合起来的商品生产,得到了充分的发展,完全改变了先前的整个社会。恩格斯为此而补充道:"氏族自然形成的共同体的权力必然要被打破,而且也确实被打破了。不过它是被那种使人感到从一开始就是一种退化,一种离开古代氏族社会的纯朴道德高峰的堕落的势力所打破的。最卑下的利益——无耻的贪欲、狂暴的享受、卑劣的名利欲、对公共财产的自私自利的掠夺——揭开了新的、文明的阶级社会;最卑鄙的手段——偷盗、强制、欺诈、背信——毁坏了古老的没有阶级的氏族社会,把它引向崩溃。而这一新社会自身,在其整整两千五百余年的存在期间,只不过是一幅区区少数人靠牺牲被剥削和被压迫的大多数人而求得发展的图画罢了,而这种情形,现在比从前更加厉害了②。"在将阶级概念延伸到资本主义社会之后,恩格斯又将家庭制度和阶级分化结合起来描述,他试图为读者勾勒出一幅相比较摩尔根的图画更立体更有现代感的总体画面。他说道:"在历史上出现的最初的阶级对立,

---

① 《家庭》
② 《马克思恩格斯选集》4 卷,北京:人民出版社 2012 年,第 110—111 页。

是同个体婚制下的夫妻间的对抗的发展同时发生的,而最初的阶级压迫是同男性对女性的压迫同时发生的。个体婚制是一个伟大的历史的进步,但同时它同奴隶制和私有制一起,却开辟了一个一直继续到今天的时代,在这个时代中,任何进步同时也是相对的退步,因为在这种进步中一些人的幸福和发展是通过另一些人的痛苦和受压抑而实现的。个体婚制是文明社会的细胞形态,根据这种形态,我们就可以研究文明社会内部充分发展着的对立和矛盾的本质。"① 对于那些试图否认阶级存在的学者们,恩格斯也早已为我们预设好了这样的一个观点:人群之间的差异不是人们为每个时代划定的,而是"每个时代本身在它所发现的各种不同的现成因素之间划定的,而且不是根据概念而是在物质生活冲突的影响下划定的"。②

最后,国家的形成。摩尔根认为,人类的经验,如在他在《古代社会》中多处所述,人类社会在政府上只发展了两种方案,如果人们把方案一词用作科学的意义讲的话。他说道:"这两种方案都是明确的及有系统的社会组织。第一和最古的一种,即是建立在氏族、胞族及部落上面的一种社会组织。第二和在时间上最迟的一种,即是建立在领土及财产上面的一种政治组织。在第一种方案之下便创立了氏族社会,氏族社会里面的政治通过个人与氏族及部落的关系而与之发生联系。这种关系纯粹是个人的。在第二种方案之下便建立了政治社会,政治社会里面的政治通过人民对于领土的关系,即市镇、县和州,而与之发生联系。这种关系纯粹是区域性的。这两种方案在性质上根本不同。前者属于古代社会,后者属于近世社会③。"在摩尔根的笔下,人类在开化阶段就已知道建筑有护城河加上石头围墙的城市了。在摩尔根的描述中,人类最初的石头城是这样的:"当人类思想表现于以具有高塔、胸墙、和门楼的整列石头造成的防御墙壁,围绕

---

① 《马克思恩格斯选集》4 卷,北京:人民出版社 2012 年,第 75—76 页。
② 《马克思恩格斯选集》1 卷,北京,人民出版社,1995 年,122—123 页。
③ [美]摩尔根:《古代社会》,杨东莼 等译,北京:商务印书馆 1971 年,第 96 页。

足以容纳多数人口的广大区域，用以同样保护其中所有的人口，并用共同力量加以防护，这确是前进道路上的一大步。属于此种等级的都市，实暗示有固定的而且发达的农业的存在，有牛、羊等家畜的存在，大量的商品以及不动产的存在。"①

　　恩格斯对摩尔根"国家"的转义来自于这个石头城，这样一个自古至今存在了很久的"国家"或"城市"的概念。他指出，这样的一座石头围起来的地方就是有产阶级统治无产阶级的开始。他说道："即这样一个机关，它不仅保障单个人新获得的财富不受氏族制度的共产制传统的侵犯，不仅使以前被轻视的私有财产神圣化，并宣布这种神圣化是整个人类社会的最高目的，而且还给相继发展起来的获得财产从而不断加速财富积累的新的形式，盖上社会普遍承认的印章；所缺少的只是这样一个机关，它不仅使正在开始的社会分裂为阶级的现象永久化，而且使有产者阶级剥削无产者阶级的权利以及前者对后者的统治永久化。而这样的机关也就出现了。国家被发明出来了②。"很明显，恩格斯将国家"虚化"为一种社会制度，即一种建立在一定经济基础之上的上层建筑，而不是执着于它的领土和居民。恩格斯认为，国家是文明社会的概括，它在一切典型的时期毫无例外地都是统治阶级的国家，并且在一切场合在本质上都是镇压被压迫被剥削阶级的机器。

　　通过对摩尔根《古代社会》中的四个关键词的转义，恩格斯为读者勾勒了一幅较之《德意志意识形态》更立体更鲜活的唯物史观的画面，因为这是由唯物史观总是要在不同的时代去寻找能代表时代精神的新的载体的特性来决定的。

---

① ［美］摩尔根：《古代社会》，杨东莼 等译，北京：商务印书馆1971年，第440页。
② 《马克思恩格斯选集》4卷，北京：人民出版社2012年，第122—123页。

三、逻辑

恩格斯转义《古代社会》的逻辑有三条：历史线性思维的延续、多维度思考的思维方式、唯物史观的"有色眼镜"。

首先，历史线性思维的延续。唯物史观走的是直线思维的路子，即必须先说生产力的发展、然后才能说生产关系的变化、随后才是阶级的分化。唯物史观的诸多事件是逐个按顺序发生的，前因后果相互牵连成一条人类思维的直线，历史发展的顺序与史书文字表达的顺序是一致的，而这个一致性究其根本与人类极度依赖文字来思维的方式息息相关。人们可以轻易地发现，人类的文字不管字体本身是方块字还是字母字，它们的表达的顺序都是线性的。比如我说"你好，朋友，吃饭吗？"不管是中西方的表述，都是从左到右（如果或按我国文言文习惯则是自上而下式的），我想表达的意思必须一个字一个字地按照事实上某事发生的顺序说，我要先说"你好"、然后再说"朋友"、最后才能说"吃饭吗？"在我说"你好"的时候，作为听者的你，肯定无法预料到后面我要说的"吃饭吗"。人类的思维方式讲究前因后果，讲究逻辑与事实一一对应的顺序的线性表达。

人类用线性文字（实则上是对应的是思维方式）来思考这个世界，可这个世界本身并不是线性的。这个世界上发生的事，并非一件接着一件按我们的表达顺序来的，是同时发生很多事来促成最后的局面。历史（不是历史书）中多事同时发生，相互影响相互作用相互重合，犹如一大团的混沌，可我们人类对于复杂局面的理解这时候就显得脑力不够用了，因为我们一直以来是线性思维的方式，就是一条线，只能先讲完 A 事件，再讲 B 事件，当线索众多，像是乱麻球一般纵横交错的时候，人类便可能会失语从而造成后世人理解上的混乱。这时候，人们必须在脑海里人为地顺事实上的混沌，分类、抽象、归纳、历史与逻辑一致等逻辑方法便应运而生。

唯物史观便是采取了线性思维的方式，对历史事件或制度或实物通过诸多逻辑方法融合的思维方式,提取出一条贯穿其中的主线,然后采取直线式地文字描述渐次叙述了原始公有制到私有制的发生发展历程,前环紧扣后环。无论历史事件的表象多么复杂,坚持用主线来分析。

其次,多维度思考的思维方式。这是一种类似于演绎与归纳二合一的思维方式,当人们想更好的说明某个多维度的事物时,通常需要用到演绎与归纳综合的逻辑方法。转义的笔法或思维方式内蕴了多维度提取事件意义的方式,历史的实物遗存甚至包括史料的文字自身都是无"意义"的,与作者同时代的意义需要作者跨越不同维度或综合各个维度去思考方可得之。例如,当有人问我什么是"马克思主义"的时候,我会稍微停顿一下,不是我不知道怎么回答,而是拿不准从哪一个维度来回答。我们的教科书上写得很清楚:就创立者而言,它是指马克思恩格斯创立并为后继者所不断发展的科学理论体系;就它的研究对象来说,它是关于自然、社会和人类思维发展一般规律的学说;就它的体系来说,它是由马克思主义哲学、马克思主义政治经济学和科学社会主义组成的科学体系。对历史事实或概念进行多维度思考,这充分表明人类思维水平的提升。

最后,马克思恩格斯早年确定的唯物史观框架的影响。每个人都是戴着特殊的"眼镜"看世界的,马克思恩格斯也不会例外。正如马克思所说:"人们的观念、观点和概念,一句话,人们的意识,随着人们的生活条件、人们的社会关系、人们的社会存在的改变而改变,这难道需要经过沉思才能了解吗?"①恩格斯在阅读《古代社会》之初就是以唯物史观之"眼"来看的。恩格斯要做的就是对《古代社会》首先进行展示它内蕴的史学研究图景,然后勾勒出一幅更壮丽的历史观图景,正如恩格斯所指出的:"我在这里根据摩尔根的著作描绘的这幅人类经过蒙昧时代和野蛮时代达到文明时代的开端的发展图景,已经包含足够多的新特征了,而尤其重要的是,这些特征都是不可争辩的,因为它们是直接从生产中得来的。不过,这幅图景跟我们此次遨游终了时将展现在我们面前的那幅图景比较

---

① 《马克思恩格斯选集》1卷,北京:人民出版社1995年,第291页。

起来，就会显得暗淡和可怜；只有在那个时候，才能充分看到从野蛮时代到文明时代的过渡以及两者之间的显著对立。"①

此三条逻辑彰显了《古代社会》被原作者不自觉遮蔽的人类历史发展主线及其规律，并扩升了它的理论张力。

转义是一个"活物"，时代涌现出来的新形势将会继续帮助新的时代精神转义为唯物史观新的内容，从而使得这门科学能持续地更新自身的内容库，并不断形成新的话语体系，这是这门科学自身的内在要求决定的。我们可以清晰地看到，伴随着中国特色社会主义建设的时代进程，唯物史观的内容不但得到了充实同时也得到了新的提升。

转义既是一种笔法，同时也是一种思维方式。人之所以为人，最显著的一个特征就是人能够进行思维，能够能动地对客观事物进行间接的和概括的反映。对思维的认识可以分成两个方面，一个是把握思维什么，即"想什么"，这是思维的内容要回答的问题；另一个是把握怎样思维，即"怎么想"，这是思维方式要回答的问题。思维的内容就是思想，思维方式的科学性在一定意义上决定着思想的正确性。影响转义这种笔法或思维方式科学性的因素大概有民族精神的影响、意识形态的影响、历史资料缺失或历史学家有意识地选择史料的影响、"以今代古"、"以己代人"理解历史事件的影响，等几种。唯物史观之所以是一门科学，正在于它超越了以上几种影响因素，且其具有与时俱进的特性，这就使得它绝不会因为国别、人种、时代的不同而失去它的科学性。

---

① 《马克思恩格斯选集》4 卷，北京：人民出版社 2012 年，第 35 页。

第七章 二者的儒学贯通:
我国新儒家的观点

新儒家史观一脉相承,对国史发展之动力、目的、与西人历史观之区别等方面相似之处颇多,熊十力作为新儒家之集大成者为此开了一个头,随后的徐复观、牟宗三等人属于"接着讲"。

新儒家对国史的解读迥异于唯物史观,该学派无论是文化一元论抑或"身心"二元论者,都强调推动中国向前的力量是中国文化,不是物质生产或者阶级斗争。

我们必须坚持正确的历史观去看待新儒家的一些提法,特别是怎么看待儒学的不同内容及其时代回应。习近平总书记在不同场合都对弘扬我国传统优秀文化有很高的期待,总书记所提及的传统优秀文化中肯定是包括儒学的,这就给我们提出了怎么看待儒学、怎么发挥儒学的新时代作用的问题。

第一节 熊十力

　　熊十力眼中的国史就像一幅徐徐打开的儒学卷轴,即他眼中的国史是:除上古三代之外,其他时代均是在儒学精神的指导下,中华民族在诸多物质、非物质领域渐次打开的一幅画卷。这是熊氏体用不二哲学观在历史领域的延进,所谓"体用不二",熊氏指的是"体者,实体之简称。用者,功用之简称。实体变动,成为功用。而实体即是功用的自体。不可求实体于功用之外譬于大海水变动,成为众沤。而大海水即是众沤的自身。不可求大海水于众沤之外。故说体用不二。俗云现象,乃功用之别称。"①应对到其历史观中,"体"指的是"儒学精神","用"指既是儒学精神指导下、也是由此反衬出儒学精神的诸多社会实践。他的另一句话也颇能说明此点,即"故学问即是生活而非以浮泛的知识为学,"②其中的"故学问即是生活"很能说明熊氏体用不二的历史观的核心精要。我们可以这样理解,除上古三代之外,国人的生活实践即是在儒学的指导下进行,而国人的种种实践又反衬出儒学的无处不在和随处显现,这就是熊氏历史观的"体用不二"原则。

　　历史观从属于熊氏的哲学观,其表面看来虽似末端细节,但实质上却是熊氏一生学术之凝练之所在,其间因果关系似也可作为研究熊氏学说的"小窗口"。

---

　　①　熊十力:《跟着大师读王阳明》,武汉:华中科技大学出版社2019年,第195页。
　　②　熊十力:《论六经·中国历史讲话》,北京:中国人民大学出版社2006年,第155页。

一、体

在《中国历史讲话》中,熊氏给出了自己研究历史的三个原则,这三个原则透现的就是其国史之本体的观点。

第一,历史必有一个内驱力在推动。这是熊氏为其即将言说的"儒学精神"为国史的原动力所做的理论铺垫。

在熊氏看来,但凡是史书,其中必定有某种精神灌注其中,这个精神表面上来自于作者,实则是作者著述时代背景的反映。熊氏认可这样的精神灌注,否则史书就不是史书。他说道:"凡为史书者,必有一个根本精神,遍注万事万物而无所不在。否则只是比辑事件,可谓抄胥,不成为史,决无感发人的力量。《春秋》最为广大,其根本精神为何,非简单可说。"①《春秋》既是史书也非史书,其中句句均含褒贬之义,而这种以史的审判代替神的审判的史学大义熊氏是高度认同的。自汉代四史之后的史书精神灌注,熊氏认为是一种"忠君"的思想,他说道:"自汉四史以下,无论其书为短为长,而通有一个根本精神,即忠君是也。他这种精神,无处不见。……试思全部二十四史,忠君精神所给于过去社会的影响,该有多么大。君主高于一切,人人都愿为他而牺牲。"②熊氏是相当推崇英雄史观的,他认为人类从开始一步一步走到现在总体而言肯定是向前进的,但具体到个体而言就有三六九等的区别了。因为每个人有身体、气质上的高低优劣之分,因此"人类智愚贤否,毕竟永远是不齐,而领袖人物的需要似是永远不能去掉的。既陈此义,仍归到本题,即我古代圣王所以创建此伟大的国家,绝不是偶然的事,

---

① 熊十力:《论六经·中国历史讲话》,北京:中国人民大学出版社2006年,第153页。
② 熊十力:《论六经·中国历史讲话》,北京:中国人民大学出版社2006年,第153—154页。

必其德行有以大过人者。"①

　　废除君主制之后的史家精神，熊氏认为应该是忠于国家、忠于民族为其根本。而中西方对国家的看法显然必须是有差异性的。熊氏由此推出了自己第二个历史观原则：文化动力论。

　　第二，最高文化团体即是国家（熊氏此处实际上专指我国）。熊氏对于西学的态度是可以对当中的科学技术进行借鉴，但要严防西人文明中所固有的血腥斗争、欺弱负良之风进入我国。由此，熊氏进而认为中西文化的一个重大的区别在于对"国家"是什么的认定上。西人所理解的"国家"，熊氏直言其是对内则常为一特殊阶级操持的工具借以镇压被统治的阶级；对外则常为抢夺他国他族的工具。且西人的国家观念都是如此的，由此也导致了西人国家之间只能"以恶对恶"，因为他们的国家本质上都是"恶"的。而中国则全然不同，熊氏此说的有其历史根据：对外，我国历史上从未有过大规模入侵别国并造成重大伤亡的案例；对内，新儒家坚持认为我国历史上任何一个阶段都不存在阶级斗争的情况，熊氏之后的徐复观、唐君毅、牟宗三等人都持相同的观点并各自作出了证明。那么中国人的国家观念是什么呢？熊氏引用了罗素的话，认为国人认可的"国家"指的是一个文化团体，他说道："我国人向来爱和平、贵礼让，不肯使用凶蛮手段。无阶级于内，无抢夺于外，就因为他常有维持最高文化团体的观念。这便是他的国家观念。"②他认为历史家对于国家观念的指导，必须是要正当的。他还提醒国人始终要坚定最高文化团体的观念，唯有如此，中华民族才能始终保持自身的民族特性。

　　第三，文化高于科技。既然认为文化是一种最高的本体，那么科学技术就只能是一种应用，且这种应用必须是在"体"的正确指导之下才能够发挥正面的效

---

①　熊十力：《论六经·中国历史讲话》，北京：中国人民大学出版社2006年，第173页。
②　熊十力：《论六经·中国历史讲话》，北京：中国人民大学出版社2006年，第154页。

能，否则科技就有可能反噬人类，成为人类的自毁之具①。这也可以看作是熊氏对彼时"科玄之争"的一种回应，既是玄学派的一员，但又受到西学的影响，熊氏采取了一种折中的态度，但仍然坚持儒学文化必须高于西学的态度。

熊氏治史三原则将其史观中的"体"烘托了出来，它就是一种在国人心中、在国人的社会实践中无处不在的儒学精神，国人之所以为国人的那个原因就在于儒学，正如他所指出的那样："昔汉氏方兴，四皓抗高节于穷山，高帝礼聘不至，而不敢迫也，所以全士大夫之节，而培学脉，存国命也。其意念深远矣！继以文武明章，表章经术，终两汉之世，经学昌明。诸大师讲舍遍郡国，一师之门，弟子著录，多至千万人。汉治之隆，至今为历史辉光，岂偶然哉？②"

二、用

熊氏所谓的"用"，它不单纯是众生使用儒学的意思，如果是这个意思就显得熊氏理论太肤浅了，熊氏的"用"指的是社会诸多实践各个领域、各个层面都自然散发着儒学的精神的意思。"用"的体现涵盖了我国历史上几乎所有的实践，熊氏此说并无不妥，我们也这样认为，所谓"道在屎溺中"、"道在人伦日用中"均是此点的形象说明，简言之，国人即便是一个目不识丁的百姓其行为举止间也透现着儒学的信息，尽管他未必自知。

但具体"用"在哪里、如何表现的，熊氏确实说得不多，这也是其历史观中的一个理论缺憾。我们也只能用别的儒家之言来填补之。我们可以粗略地从两个大方面来勾勒这个"用"，一方面是自上而下的儒学仪式感，一方面是自下而生的人伦日用的儒学存在。

黄仁宇说，我们的帝国，以文人管理为数至千万、万万的农民，如果对全部实

---

① 熊十力：《论六经·中国历史讲话》，北京：中国人民大学出版社 2006 年，第 155 页。
② 熊十力：《读经示要》，上海：上海书店出版社 2009 年，第 8 页。

际问题都要在朝廷上和盘托出,拿来检讨分析,自然是办不到的。所以我们的祖先就抓住了礼仪这个要点,要求大小官员按部就班,上下有序,以此作为全国的榜样①。其所言颇为有理,自上而下的仪式感巩固的不仅仅是政权,主流意识形态的悄然无声地内化为众生日常生活的标准,同时也巩固了众生心目中的儒神,也由此直接或间接地影响着众生的诸多社会实践。梁启超认为儒家所说的政治就其本质而言主要手段就是将国民人格拔高,然后将政治直接指认为是道德,使得众生即便在心目中起了不臣之念也会惴惴不安②。

至于生活层面的"用",则是主要通过"孝"道使儒家精神进入众生的家门,在家为"孝",出门是"敬",最终使得家国合一。三代以降,在礼崩乐坏之际,孔子试图以"仁"复"礼",具体表现就是以"入则孝",③"出则悌",孔子试图通过血缘和人性从纵横两个方面把氏族关系和等级制度连接起来,使得日常生活进至为"礼",继而终达儒学之大"体"。正如李泽厚曾指出的那样,儒学早已渗透并固化在众生的观念、行为、习俗、思维、情感之中,众生在处理社会实践的事务、关系中自觉或不自觉地将其作为基本原则和方针。在我们看来,这种儒学之"用"宏大无边涵盖了全体国民,它既是一种"用"也透现出背后的"体",且这种"用"作为一种比较稳定的心理结构和民族性格,具有适应不同历史阶段和阶级内容的功能与作用④,至今此说仍然可以成立。

"体"之表现都可以从众生的生活本源说起⑤,体现在众生的一举一动、一颦一笑之中。儒家根据"家国同构"的社会状况,提出了一系列的思想,如忠孝仁义、父慈子孝、兄友弟恭、尊卑有等、长幼有别等,对维护了"用"也透现了"体",使得众生在不自知中默然接受并延续着"体"。如孟子所云:"天下之本在国,国之

---

① 黄仁宇:《万历十五年》,北京:三联书店2014年,第4页。
② 梁启超:《先秦政治思想史》,天津:天津古籍出版社2003年,第101页。
③ 《左传·文公》云"孝,礼之始也"。
④ 李泽厚:《中国古代思想史论》,北京:人民出版社1985年,第34—35页。
⑤ 黄玉顺:《爱与思——生活儒学的观念》,成都:四川大学出版社2006年,第185页。

本在家，家之本在身"，①这就把"体"转化为众生生活的自觉执念，把一种宗教思想变换为人伦之情，从而使儒学伦理规范与众生心理欲求融合为一体②。又如徐复观所说的，儒学中的"家"本身就是一个完满无缺的宗教，所以我国并不需要另外一种全民性的宗教了，这当然也符合我国历史上的宗教传播状况。而儒教的终极要义落实下来，"只是孝弟二字，出自人心之自然流露，行之皆人情之所安。故自西汉起，儒家精神通过家庭以浸透于社会，其功效最为广大，最为深厚。"③由此，儒学之"伦"与众生的"日常"结合起来就完全不费功夫了，正如孟子所云："使契为司徒，教以人伦：父子有亲，君臣有义，夫妇有别，长幼有序，朋友有信"，④又如荀子所说："君臣、父子、兄弟、夫妇，始则终，终则始，与天地同理，与万世同久，夫是谓大本。"⑤这种尊卑有序、人性之爱在人类生活中普遍显现当然并非我国所独有，但在我国儒学理论中将其提升为一种本体的东西，或者也可以说这种"体"本身就源自于"用"，是"用"的理论总结，但形成"体"之后又高于"用"。此外，所谓"日用"见于《易传·系辞上》，它的解释原指一种"道"，非众生日常生活用度。所以"人伦日用"合起来看就是"儒学之大道无处不在"的意思，百姓日用生活无不受"道"的支配⑥。此说与基督教的"圣父圣子圣灵"无处不在、到处显现的说法实则是一个道理，无怪乎众人将儒学称之为"儒教"了。

"日用"也有其通俗的表达方式，如朱熹所言："而言其志，则又不过即其所居之位，乐其日用之常"。其又言："日用之间，莫非天理，在在处处，莫非可乐。"⑦在他看来，儒学之"体"与众生"乐其日用之常"是分不开的。陆九渊也有类似的

---

① 《孟子·离娄上》

② 李泽厚：《中国古代思想史论》，天津：天津社会科学院出版社2004年，第14页。

③ 徐复观：《儒家精神的基本性格及其限定与新生》，载《儒家教育思想研究》第20卷，傅永聚、韩钟文 主编，北京：中华书局2003年，第180页。

④ 《孟子·滕文公上》。

⑤ 《荀子·王制》。

⑥ 朱义禄：《儒家理想人格与中国文化》，沈阳：辽宁教育出版社1991年，第192页。

⑦ 《朱子语类·论语二十二·先进篇下》

观点："圣人教人，只是就人日用处开端"。① 熊氏倍加推崇的王阳明更重视无形相的人之亲切之情，因为在王氏看来此中有"种种人与人之伦理关系，或社会之文理。"②王阳明尤其强调"与愚夫愚妇同的便是德"，所以王学之后进，特别是泰州王门，更强调"满街都是圣人"的观念。日用的儒学强调人伦孝悌与道德教化，它强调与众生的生活世界必须彻底融为一体。久而久之，生活化的儒学就像空气一样，一吸一合间滋养着儒学的生命并随着时代变化而不断作出调整以适应时代需求。由此，众生的一切都不需要特别的安排，儒学之"体"便会在众生日常生活中所有事情中自然显露出来。

三、对西人史观之异议

此说从属于熊氏历史观，虽非"体用"的理论范畴，但也可以视为该理论在新儒家历史哲学领域当中的一个应用。

如前所述，熊氏并不排斥西人科学技术在我国的传播和应用，这既和他的人生际遇有着直接的关系，也与他的理论观点有直接联系。他目睹彼时的国家衰败、列强入侵，熊氏也认识到坚船利舰也必须是我国维持其体貌的一个重要手段，如果国家的体貌皆无，儒学之体用也将荡然无存。此外，与王阳明不同，熊氏的"体用"论是承认现象的实存性的，在《十力语要》中，他曾对此作了阐释："必须施设现象界，否则吾人所日常生活之宇宙，即经验界不得成立。因之，吾人知识无安足处所，即科学为不可能。"其所谓施设现象界，也就是肯定"万象又莫非真实"。在此，熊氏承认现象界的实在性已不仅仅是见"体"的前提，而且构成了众生日常经验与科学知识所以可能的条件。基于此两点，熊氏也认可国人必须向西人学习科技并"师夷长技以制夷"的观点的。

---

① 《陆九渊集·卷三十五·语录下》
② 唐君毅：《中国哲学原论》，北京：中国社会科学出版社 2005 年，第 33 页。

　　但需要科技不等于认同西人的历史观，尤其是其中搞得阶级和阶级斗争的提法，这与熊氏的文化本体是格格不入的，他由此也展开了对此的批判。阶级和阶级斗争必然导致人类社会从奴隶社会走向封建社会，再到资本主义社会，其中的内生推动力就是阶级斗争。这是我们熟知的唯物史观中的观点。既然熊氏不承认阶级也不承认阶级斗争，那么不认可封建社会的理念也就顺理成章了。

　　熊氏认为："春秋，战国，不能判为封建社会时代。闻有人据甲骨文的材料，臆测古代社会情形。余以为地下发现的材料，当与古籍相参考，但万不可胸怀成见，先把吾国某时代的社会，硬判他属于未进化的某种状态中，然后随时所尚，而取片段的材料，以证成其曲说，自矜新颖。中国只是中国。各时代的社会情形，还他各时代的样子。须综观全部，不能以一曲论也。"①熊氏的这句话有两个意思：其一，不能仅凭一文一物去判断历史的状貌。这种说法相比较徐复观等人观点而言显得更客观一些，他认为不能仅仅从甲骨文的内容去臆测彼时社会形态的性质，也需要配合以历代古籍的记载相互印证才更为客观一些。熊氏此说的确比较客观，即便现在科技如此发达，时人仍然对大部分的甲骨文不能精确识别，那么又如何仅凭几个字形就判定彼时社会状貌呢？其二，国史研究不能也不应该简单地套用西人的历史理论。熊氏此说在我国理论研究的诸多领域都有显现，我们既然不认可存在着西人的普世价值，又为何碎片化地套用西人的理论模式呢？所以熊氏认为中国就是中国，各个时代就是各个时代，研究者必须观其全貌之后才能初步下一个较为客观的结论。

　　此外，熊氏也并非全然排斥西人史观理论，他也认可如果由生产状态为判断依据的话，说我国长期处在封建社会也未尝不可，但如果由其所推崇的文化状态来看则我国全然不是封建社会的状态。他说道："须知就机械发明与生产改变的观点，以判社会的阶段，则谓中国至今未离封建社会可也。从文化方面，如哲学思想、艺术、道德及政治社会等等的观点而说，则谓春秋战国时犹是封建社会，其

---

　　①　熊十力：《论六经·中国历史讲话》，北京：中国人民大学出版社 2006 年，第 179 页。

何以餍人之心乎。当时社会有丰富的动力。生产虽以农业为本,而春秋时农人,已有直接参政权。列国有御敌及立君等大事,人民全集于外朝而共议焉。可知是时农民已非复为君公大夫之奴隶矣。工商业亦渐发达。……如斯伟大时代,而谓其犹是封建社会,谓其不脱封建思想,吾所不能解也。中国与西洋两方文化,毕竟各是一种路向,各是一种面目。执西方之所有,以衡中国,而一概卑陋视之,吾未见其可也。"[1]熊氏此说有其学派色彩,既然认定文化是本体,那么划分历史阶段的社会性质的最根本依据也应该是文化表现,而不能是物质生产或科学技术。熊氏所述中提及了春秋战国时期农民有参政议政的权利,此说典出《左传》,熊氏既不认可物质生产划分论,也不认可政治分层划分论,因为国史古籍中均为对此有明确记载。所以熊氏坚定不移地认为,西人历史观理论绝对不能简单套用到国史研究之中,尤其是那种以西学为美并以此衡量我国各领域,然后嫌弃我么自身这个思想嫌弃我们自身那个领域的观点,尤其令熊氏感到恶心、虽然是维护自身的"体用"论而发,但熊氏尊崇国史尊崇我国文化的观点放在当下依然大有可取之处。

第二节 徐复观[2]

徐复观专治思想史是从 1950 年其担任私立东海大学中文系主任开始的,他计划中要写至少 2 本书,一本是《中国文学史》、一本是《中国艺术史》,虽然最后都憾未成书,但其中所涉及治史方法论问题,他已先期展开了相关的思考并付诸文字在他的其他著述中了。徐氏之所以专门地大篇幅论述治史方法,是因为徐

---

[1] 熊十力:《论六经·中国历史讲话》,北京:中国人民大学出版社 2006 年,第 179—181 页。

[2] 本文为 2019 年广西高校大学生思想政治教育理论与实践研究课题"问题意识导向下的高校思想政治理论课教学研究"(项目编号 2019MSZ006)阶段成果。

氏不满意自"五四"以降治国史界的方法,在他看来这些所谓不中不西的方法实则还未跳出清人考据的范围一步,这些方法都不足以治思想史①。

每门学问都有若干基本概念,我们研究徐复观治史方法论必先将有关的基本概念把握到,再运用到资料中去加以解析、贯通、条理,然后有水到渠成之乐。按徐复观本人提出的方法,我们使用的是"空言"的体裁,即一种把徐复观治史方法用概念性抽象性的语言勾勒出来的哲学体裁。

我们总结了徐复观治史理论的三个原则和三个特色,三个原则是科学态度、思考力和动的视角,三个特色命名为:理、敬、解。

一、悬设的三个原则

徐氏认为作史学文章,好的态度、思考力的提升、动地看待史学此三者是作出好文章的基本原则。

首先,科学态度。徐氏认为写文章之前材料的准备当然是很重要的,但更重要的是方法,归根结底使用何种方法的则是研究者的态度。在他看来,科学方法与科学的态度是密不可分的,所谓态度,徐氏认为一个人怎么生活就会怎么做学问,此即所谓态度是"整个现实生活的自然流露"。所谓的科学态度,徐氏在此处想要表达的恐怕是新儒家念念不忘的"仁智"二字了,也即新儒家认可的历史推动力,信者就是态度正确者②。

其次,思考力。研究者治史最重要的原始资本是思考力,而我国一般知识分子所最缺乏的正是思考力亦即是缺乏在分析综合中的逻辑推理能力,连许多主张西化的人也不例外。徐氏认为,思考力的培养,读西方哲学家的著作较之纯读线装书,得来比较容易。他还是高度认可西人抽象思辨能力高于国人的看法的。

---

① 徐复观:中国思想史论集,上海:上海书店出版社2004年,绪论第1页。
② 徐复观:徐复观全集—儒家思想与现代社会,北京:九州出版社2014年,第3页。

徐氏在撰写《中国艺术精神》一书中专门为此做了一个说明,其实也是一种自我辩护吧。他说道:"很遗憾的是:我是一笔也不能画的人。但西方由康德所建立的美学,及尔后许多的美学家,很少是实际地艺术家。而西方艺术家所开辟的精神境界,就我目前的了解,常和美学家所开辟出的艺术精神,实有很大的距离。在中国,则常可以发现在一个伟大的艺术家身上,美学与艺术创作,是合而为的。而在若干伟大的画论家中,也常是由他人的创作活动与作品,以'追体验'的功夫,体验出艺术家的精神意境。我不敢援引晋卫夫人《笔阵图》'善鉴者不写,善写者不鉴'的话以自饰;而只想指出,创作与批判、考证,本是出自两种精神状态,须要两种不同的工夫。我虽不能画,但把他们已经说出来的,证以他们的画迹,而加以'追体认',似乎还不至于有大的过失。"①徐氏特别指出即便自己不懂绘画,当然他也说过他不懂写诗,但这些不会成为妨碍他对美学研究的障碍,因为他可以在脑海里对艺术创作进行一番模拟,将自己当成艺术家那样进行思考,这里就包含了徐氏所指认的思考力的作用。

最后,发展看问题。徐氏曾说:"同时我也愿在这里指出,一年来我所作的这类思想史的工作,所以容易从混乱中脱出,以清理出比较清楚地条理,主要是得力于'动的观点''发展的观点'的应用。以动的观点代替静的观点,这是今后治思想史的人所必须努力的方法②。"作为一个敢想、敢说、敢写的时评家,徐氏治学风格与发展看问题的原则二者内在的气质是契合的,即它们都不认可存在所谓的理论"顶峰"、都不认为哪一个人的言论可以不讲时间地点的转移都是普遍适用的、都不认为所有历史人物都是不可以评论其功过得失的,这些都体现了一种"动"的基因:即用一种无物常在的目光去看待中国思想史的研究。

---

① 徐复观:中国艺术精神,沈阳:春风文艺出版社1987年,序言第6页。
② 徐复观:中国艺术精神,沈阳:春风文艺出版社1987年,序言第6页。

二、三个特色

特色之一：理。徐复观强调分析与综合要灵活应用，我们姑且将之称之为：理。

徐氏认为，人们所读的古人的书，是逐个字地去读，然后才能通晓一句话的意思，每个句子的意思叠加在一起才能理解整章的意思，所有章节的意思叠加在一起才能理解整本书的意思。徐氏从哲学意义上总结为这是一种由局部的积累渐至全局的工作。这项工作在史学研究当中第一步就是要用上清代学人的训诂、考据的学问，但这种逐字逐句的解读本领只是对整书最基本的了解。只能达字而不能达意。若读者想更深一步的了解全书的内涵就必须再由整体翻转到局部，由全书来确定字句的意义，也就是由句子反推字、由章节反推句子，全书反推章节、由作者的思想反推该书的含义。徐氏指出，这是由全局衡定局部的工作，这是治史的第二步，此步不是清代学人的训诂、考据的学问能概括得了的。徐氏强调，这两步工作缺一不可，第一步依靠训诂提炼出全书若干关键概念，这不但使得读者能快速体悟全书的精要也同时使得读者的抽象思辨能力得到了提升，而这恰恰是中国读者尤其清代学人不擅长的。在徐氏眼里，清代学人由于缺乏抽象思维能力，于是他们的归纳全书的努力往往只能得出文字自身的若干综合性结论，而不能在形而上的意义上建立起概念的体系，由此限制了清代学人由第一步向第二步的飞跃。

娴熟于西方哲学的徐氏由此认为，所以清代学人的训诂、考据的学问，只能限于物自体，例如字形、字音、版本的文字差异和故事内容差异，而这些都是能直接用眼睛看得到的实体，清代学人所说的由熟悉多部经书达至通晓其中一部经书的说法也仅限于多部经书之间勾连互通，非达意所致。徐氏认为这种仅限于经书"物自体"范畴内的训诂和考据学，由物自体范畴出发的研究，对于一部书、一个人的思想来说，就好比把做房子的实体材料如砖瓦搬运到了工地，但工人手中却缺乏施工的图纸,工人完全不知道应该如何安排砖瓦木条等建材的位置,每一个施工材料都是散放在地上完全没有体现出自身的价值。徐氏指出,每个零配件的价值必须在于其他零配件的相互关系中才能体现出来,也即只有组成一个整体各个零配件才真正实现了自身的价值。他由此推论出,仅仅是训诂和考据是无法确知古人的思想的全貌的。只有在这步的基础上,以西式的概念做桥梁,如此才能进入到以"意"为对象的活动,即以概念为对象的思维活动。徐氏这里的判断与牟宗三所说的国人缺乏"分析的精神"倒也颇为一致。徐氏认为运用概念的思维活动就是要善于综合训诂、考据得到的数据,凡是能成一家之言的思想,必然有其清晰的逻辑脉络在其中,而这个脉络又必定是从概念出发建构起来的,虽然概念可能来源不同,比如来自实践、内心的反省、对别人思想的分析,等等,但只要研究者"捕获"了一个清晰的想法并进行了逻辑运演,他就能得到一个逻辑架构完整的概念。该概念一旦成立,其内部结构必有其合理性、自律性,或者按我们当下的话说,概念是自洽的。概念自洽的程度表明的是研究者思考的成熟度。如果在一部书中找不到这样成熟的概念,只能说该书是"小人物"的读书笔记而已。已有基本概念,但其自洽度很低,也能说明研究者思考的程度还不够成熟。研究者将某书或某人的概念以抽象思维获得之后再对它加以分析推演,这是一种顺着该概念的内部结构去挖掘,越是思维能力经过训练的人,越是会察觉这种概念推演的科学性,这不是主观臆测可以替代的。徐氏指出,只有对概念进行严密的逻辑运算,比如它与别的概念的区别、它的内部结构是什么、细致入微的展开分析,只有此种像自然科学一样精密的推演,才能对于含有许多解释的字语,才能断定它在此句、此章、此书、此家中,系表现许多解释中的某一解释,确乎而不可移。在徐氏看来,此第二步的工作,不仅仅是清代学人不了解,即便是兴起白话文之后的"五四"学人们似乎也不大了解。他举例说明之:有的人也想将这些散兵游勇加以集合,以说明某一思想,如阮元的《释心》、《论语论仁论》、《孟子论仁论》、《性命古训》等,集合了许多经过了他们训诂考据过的字语,但如没有纪律训练的乌合之众,真是幼稚得不堪一击。徐氏由是指出,人必须要有思想，如果不思不想，我们甚至连考据的功夫也要断送掉，这才是学人应该感到悲哀的事。

徐氏也提醒大众，综合的方法一定要紧扣原文，切不可随意发挥主观想象。简言之，徐氏的综合是建立在坚实的分析的基础之上的，并不是要彻底抛弃训诂、考据。虽然徐氏认为综合比分析是更高一级的思维阶段。徐氏由此给出了自己的结论：因此，由局部积累到全体（不可由局部看全体），由全体落实到局部，反复印证，这才是治思想史的可靠方法。

徐氏治史的方法不仅仅止步于此，他也提及了自己的实践的概念，虽然这只是一种研究者思想上的"追体验"。徐氏就认为必须从思想上去"体验"古人的"问题"，即一切思想都是以问题为中心，没有问题的思想不是思想。例如，古人的衣食住行会遇到什么问题？古人的生产会遇到什么问题？等等，研究者都必须以思考力进行"追体验"。徐氏强调指出，所以治思想史的人，先由文字实物的具体以走向思想的抽象，再由思想的抽象以走向人生、时代的具体。经过此种层层研究，然后其人、其书将重新活跃于我们的心目之上，活跃于我们时代之中。我们不仅是在读古人的书，而是在与古人对话。此时读者不是直接听取作者的理论，而是具体的人与具体的人直接接触，读者可凭直感而不须凭思考之力，即可加以领受①。

特色之二：敬。所谓敬是尊敬原文的意思，尊敬前人原话原事，这是徐复观治史的一大特色。

徐氏认为，古人的思想，保存在遗留的文献里面。要了解遗留的文献，如文献的本身有问题，当然需要下一番训诂、考据的工夫。前述也已提及此点，首先是训诂、考据，然后才能进入到运用思考力的第二步。

徐氏区分了两种写作的模式，在他眼里西人的著述看提纲或框架就可以知道原作者的构筑此著述的思路，但中国古人著述确是另一番景象：他们很少是有

---

① 李维武：徐复观，昆明：云南教育出版社 2008 年，第 99 页。

意识地以有组织的文章结构来表达他们思想的结构,而常是把他们的中心论点,分散在许多文字单元中去,同时,在同一篇文字中又常关涉到许多观念、许多问题,即使在一篇文章或段语录中是专谈某一观念、某一问题,但也常只谈到某一观念、某一问题、对某一特定的人或事所需要说明的某一侧面,而很少下一种抽象的可以概括一般的定义或界说。这是一种国人习惯了的发散式思维方式及其表现。那么,读者应该如何总结提炼我国古人的著述的精华呢?徐氏举例说明之,他以自己对"陆学"的学习过程来说明。他说他在写《象山学述》一文时,先是按着陆九渊的各种观念、问题,而将其从全集的各种材料中抽了出来,这便要把材料的原有单元(如书札、杂文、语录等)加以拆散,再以各观念、各问题为中心点重新加以结合,以找出对陆氏所提出的每一观念、每一问题的比较完全的了解,更进一步把各观念、各问题加以排列,求出它们相互间的关联及其所处的层次与方位,因而发现陆氏是由哪一基点或中心点(宗旨)所展开的思想结构(或称为体系)。这就是徐复观在写与思想史有关的文章时使用的方法。该方法似乎很"笨",但这就是后世学人应该认真学习徐复观治史的地方:真正的尊敬古人及其著述。即便对时贤,甚至比自己低辈分的学人,徐氏也总是秉承着尊敬对方原作的态度,例证不少,比如徐氏在其《有关周初若干史实的问题》一问中先仔细读了许倬云的论文之后,才阐发自己的观点,行文中始终对学术同侪保持着足够的敬意①。

　　特色之三:解。尊敬古人原文是不是就完全以古文的原意来逐句逐字翻译呢?这是一个史学界的大问题,迄今聚讼纷纭。徐氏对此的看法相当明确,就是我们在充分理解了古文的前提下,对古文进行合理的推断。很明确地,徐复观高

---

　　① 徐复观:两汉思想史(第1卷)周秦汉政治社会结构之研究,中国台湾:台湾学生书局1985年,第351页。

度肯定了克罗齐的"一切真历史都是当代史"①的观点。

徐氏指出,从理论上说,史学工作者对历史的观念,应当是由解读资料中思考而得的。这就是一般所谓很客观的态度或观念。但事实上,这几乎是不可能的。对资料的追求、发现,必受有研究者某种观念的诱导,与观念无关的资料,研究者经常是视而不见的。而任何解释,一定会比原文献上的范围说得较宽、较深,因而常常把原文献可能含有但不曾明白说出来的,也把他说了出来。不如此,便不能尽到解释的责任。没有一点解释的纯叙述,事实上是不可能的。

徐氏所谓的"解释",指的是从原文中抽象出来再结合以某种时代精神对古文的"重新"勾画。这样的勾画并非能脱离原文而存在的,如若是,那也不符合徐氏所谓的"解释"了。所以对于那些缺乏资料的空白处,徐氏认为史家只能"闭嘴",即当"文献不足"时,研究者就应该终止不言。

三、对徐氏观点之我见

结合徐复观之所论,我对一些史家为何屡屡主观臆断古人言事也有一些自己的看法。史家们到底是受了什么因素的影响而去代替古人思考的呢? 粗略估计,影响一个史家作出价值判断并最终影响历史意义生成的因素大略有以下几种:

其一,民族精神的影响。史学家里切特指出,一件对历史事件的描写可以反映出一个历史学家的文化背景,同一文化背景下的历史学家会重视同一个价值观,虽然这些人都声称自己是作为一个真正的历史学家独立地开展研究的,但他

---

①　[意]贝奈戴托.克罗齐:《历史学的理论和实际》,傅任敢 译,北京:商务印书馆 2005年,第 16 页。

们的研究成果却是反映出了更多的共性,而较少地反映出他们的个性。① 外国史学家对本国所做的历史,肯定不会令本国人满意,尽管这位外国史学家一再声称自己是如何的客观。难道美国人会认为一个英国史学家所作的《美国史》会令他们满意吗？ 或者是一个阿拉伯人对所作的《以色列史》能成为以色列大学的指定教科书吗？ 对涉及两国关系的同一桩历史事件,两国历史家的描述可能是不同的,甚至是相反的。

其二,意识形态的影响。根据唯物史观的看法,个人世界观归根结底总是受到经济方式的制约,都受到个人所属的那个阶级的立场的影响。英国历史学家 R. G. 甘米奇曾说过,英国的史学家在发表有关宪章运动的观点时,总是被党派偏见所左右,因而不尊重公正的事实②。民主德国历史学家维纳. 洛赫认为,"科学社会主义的产生,是人类社会历史发展的必然结果,而德意志也就在这个历史发展的基础上成为科学社会主义的诞生地"③。同是德国人,但联邦德国历史学家迪特尔. 拉甫则认为,"马克思和恩格斯的同时代人已着重指出过,他们在致力于获取历史的、对将来有指导性的认识时共同建立起来的思想大厦并不是无懈可击的,而且说到底是乌托邦式的"。④ 两位隶属于不同阶级阵营、但同是德国历史学家的人,为何对马克思与恩格斯的看法迥然不同,如果读者仅仅看一本历史书,读者的思维将会被导向何处？

其三,历史资料缺失或历史学家有意识地选择史料的影响。史学家诠释的是前人留下的史学典籍,修昔底德首先是人们重构伯罗奔尼撒战争经过的一个来源,但它同时也是历史认识的一个对象,即所谓"前日视为撰述者,正为今日之

---

① Heinrich Rickert, Science and History, trans. From the German by George Reisman, Ed. by Arthur Goddard, D. Van Nostrand Company, Ing. , New York, 1962, pp. 135 ～136.

② [英]R. G. 甘米奇《宪章运动史》序言,张公隽 译,北京:商务印书馆 1996 年。

③ [民主德国]维纳. 洛赫:《德国史》上册,北京:三联书店 1959 年,第 276 页。

④ [联邦德国]迪特尔. 拉甫:《德意志史》,波恩:Inter Nationes,1985,第 116 页。

记注，后日视为记注者，亦即今日之撰述"①。当代史学家根据前人所留的史料并加入自己的价值判断之后以新史的面貌再传之后世，在这个人类文明传承的链条中，史学家既是"观众"又是"讲解员"，史学家如何诠释前人史籍是关键的一环。章士诚谓："三代以上记注有成法，而撰述无定名，三代以下，撰述有定名，而记注无成法"②。章氏所谓撰述指的是史书的体例，记注即是史料。他这句话是说三代（即夏、商、周三朝）盛时，有史官世掌典籍，记言记事，故记注有成法。但自周室衰微，典守之籍逐渐散失，以至于在私家修史之风兴盛之后，史书虽多，但掌握翔实史料的史家越来越少，史家只能以论代叙，这就导致了史籍的主观随意性。就像是自然科学一样，历史学也必定是选择性的，除非是它要被可怜的、毫无联系的资料洪流所淹没③。历史学家更可能会有意识地选择对己有用的历史材料，并引导出自己早已预设好的那个结论。

其第四，"以今代古"、"以西代中"理解历史事件的影响。历史学家越是用他所处时代的直接经历作为标尺去度量过去，他对历史的理解就越带有主观性。司马迁在《史记》里对秦始皇的描述里有一条是"始皇姓赵氏"，宋朝人郑樵对此很不以为然，他考证道："司马迁云'始皇姓赵氏'，此不达姓氏之言也。凡诸侯无氏，以国爵为氏，其支庶无国爵则称公子，公子之子则称公孙，公孙之子无所称焉。然后以王父字为氏，或分邑则以邑为氏，或言官者则以官为氏，凡为氏者不一。今秦氏自非子得邑则以秦邑为氏，及襄公封国，则以秦国为氏，相传至于始皇，亦如商、周相传至汤、武，岂有子汤姬发之称乎！…岂有秦国之君，而以赵国为氏乎？汉、魏以来，与此道异。迁汉人，但知汉事而已"④郑樵毫不留情地指出了伟大者如司马迁同样是以汉代的时代精神去考虑秦朝之事。此外，司马迁对

---

①　金毓黻：《中国史学史》，石家庄：河北教育出版社 2003 年，第 265 页。

②　（清）章士诚：《文史通义·书教上》。

③　[英]卡·波普尔：《历史主义贫困论》，何林、赵平 译，北京：中国社会科学出版社 1998 年，第 132 页。

④　郑樵：《通志》卷四《秦纪四》。

汉武帝所做的评价,同样存在类似的问题。

第三节　牟宗三①

牟宗三建立了一整套关于国史研究的路数,其核心理念是"仁智",这是牟氏认可的中国之所以为中国的根本原因、中国向前向上发展的核心动力。他不认可阶级、封建制、亚细亚生产方式这三个理念及其实践可以直接套用在国史研究中,牟氏此说来源于儒家思想和黑格尔理念论,有其特定的历史背景和学术意义,从基本面上来看牟氏学说与唯物史观理论旨归是不相容的。回应牟氏的质疑,无疑可以扩展我们对唯物史观认识的高度与广度。

一、牟宗三的质疑

牟氏在其论著中花了大量的笔墨质疑唯物史观的几个核心概念,即:阶级、封建、亚细亚生产方式。在他看来,战国之前的中国实行的是井田制,无论贵族或者农民都未曾结成一个有组织的实体,也没有不可跨越的阶级界限的存在,士农工商的身份可以经过个人努力实现转换,例如吕不韦、范蠡。既然阶级是不存在的,那么封建主义、亚细亚生产方式被马克思主义学派误读也是可以肯定的了。

首先,阶级不曾存在于国史当中的任何一个阶段、任何一个领域。

牟宗三完全不认可"阶级"这个概念能套用到国史里面,在他看来,源出于拉丁词的 classis 在欧洲历史的语境中语义经历了"依据百姓的身份地位所做的一

① 本文为 2019 年广西高校大学生思想政治教育理论与实践研究课题"问题意识导向下的高校思想政治理论课教学研究"(项目编号 2019MSZ006)阶段成果。

种分类"、"一个部门或群体"、"建构的社会地位的分类"等变迁①的"阶级"贯彻到国史中是完全不合适的。他认为,中国民族所首先握住者为"人"为"生命"。超越乎人与生命以上之虚幻不经固定呆板反而足以胶结成阶级集团者,自始即未形成②。

牟氏认为,马克思所列社会形态表,即从原始社会到共产主义社会的形态表是基于欧洲历史而言的,欧洲社会发展中产生了阶级,所以有阶级斗争、有固化的阶级界限。但中国历史完全不能套用欧洲历史那一套,强行将国史网格化到马克思所列表格中是不对的,国史中谈不上阶级界限一说,更是从未有过阶级的说法。他以周代井田制为例说明之,在牟氏看来井田制形成的是一个共同体的范畴,并不是阶级范畴,共同体解体后化为士农工商阶层,亦未形成阶级③。牟氏此说与其所说的西方文化生命是"分解的尽理之精神",而中国文化生命是"综合的尽理之精神"与"综合的尽气质精神"的说法相呼应,他显然认为如果国史能套用欧洲史的说法,那为何中国没能走出一条与近代欧洲类似的工业化道路呢?在牟氏看来,这显然是说不通的。

牟宗三的国史事叙大多来源于钱穆,此点他也有特别说明。就其治史旨趣而言,牟氏与钱穆颇为相近,都是民国时期"革新派"中的"文化革命"论者,即强调"我民族文化常于和平中得进展是也。欧洲史每常于斗争中著精神。"④他们都认为我国历史上的农民斗争不但没有推进社会进步,反倒是拉了历史的后腿,这怎么能把"农民与地主之间的斗争"称之为历史"推动力"呢?在牟氏看来,这是第二个说不通的地方。

钱穆在描述井田制在春秋末、战国初一段时期内贵族与农民之间地权归属

---

① [英]雷蒙·威廉斯:《关键词:文化与社会的词汇》,刘建基 译,北京:三联书店 2005年,第51—53页。

② 牟宗三:《历史哲学》,桂林:广西师范大学出版社 2007年,第27页。

③ 牟宗三:《历史哲学》,广西师范大学出版社 2007年,第24—26页。

④ 钱穆:《国史大纲》,北京:商务印书馆 1996年,前言12页。

的变化状况时,钱穆就认为贵族默认农民事实上的拥有地权并非农民抱团抗争获得的,只是因为税收制度的变化导致的社会观念变化,最后导致了"耕者有其田"的状况。牟氏由此出发认为,既然并非农民结成一个利益集团而获得的地权,也因为贵族并没有强制获取农民劳动成果的行为,那就可以反推出"阶级"是不存在的。牟氏由此给出了自己的推断:"此步转变所以不经过剧烈的革命与农民意识的要求,只因在共同体时并无阶级的对立:阶级的固定性与其内在的集团性之互相对抗并未形成,故亦无自觉的革命或争取权利而订立契约之斗争(中国后来的革命与暴动只是打天下一观念作主,与西方的阶级抗争不同)。"①此说放在 1949 年以前的国史界,也是一个较为主流的说法,例如彼时有人说:"中国自周以降,讫前清末叶,历数千年,几全受封建势力之支配,而家族社会遂盘根错节,几不可撼摇,是盖有其特性在。特性为何? 即封建社会所形成之意识:宗法精神是也。"②这是民国时期一部分史学家一个很明确的认知:我国的封建社会,其根本特征在于某种"精神",而与物质生产关系不大。钱穆、牟宗三,还有当代的余英时都属于这个流派,所以牟宗三对"阶级"的否定也就不足为奇了。

牟宗三以周代至战国三个阶层的变化为例说明自己的判断,即以"士农工商"当中的"农工商"为例说明这三种人从未结成一个共同体。

其一,工、商未结成阶级。牟氏认为,工人和商人原来仅仅隶属于贵族,可称之为家人、家臣或食客,从事专门工作,为贵族生活享受谋取便利。工人和商人的社会地位非常低,但可以享受较高的物质回报。这些贵族的附属品并没有明确的社会阶层定位,谈不上具有某种阶级意识从而自结成了某种社会阶级。自从井田制被破坏后,工人和商人失去了贵族的支持但仍然可以以自己的技术或者人脉在社会中谋取到物质利益。例如吕不韦就是由商人起家的,范蠡则是弃官从商的,也能达到了有钱人的行列,这说明了没有所谓的阶级界限不可以跨

---

① 牟宗三:《历史哲学》,桂林:广西师范大学出版社 2007 年,第 24 页。
② 社会部研究室:《中国家族社会之演变》,正中书局,民国 33 年,第 5—6 页。

越。范蠡所以能得到财富，也是从事原来贵族所从事的类似的井田制，汉代的工商生财之道大都是如此的，这再次说明了不存在阶级界限。当时，这些工人和商人都是游民，就是不安分守己的人，被人看不起的社会原因也源于此点。虽然后来成为正当的职业，然而社会地位仍然不高。士农工商社会阶层的形成，都是因为井田制共同体破裂后释放出来的。在共同体时，非奴隶制。解放后，亦非封建农奴制①。

其二，农民不是阶级范畴。牟氏认为，在井田制下，说全体农民为奴隶，天下无此理（盖如此，势必无人耕田才好）。在土地私有后，说全体农民为农奴，天下亦无此理（盖如此，势必无课税）②。牟氏认为井田制共同体是一个经营的架构，类似今天的实行合同制的企业，在此种制度下，农民事实上的拥有了地权和完全的人身自由，他可以根据市场需求自主确定种什么、什么时候种。尤其是课税的存在让牟氏更理直气壮，收税就意味着农民不是奴隶，此时的农民在牟氏看来，就是一个游民，算不上奴隶。

否认"阶级"的存在，这为牟氏阐述自己的文化推动力埋下了伏笔。

其次，此"封建"不是彼"封建"。

应该这样说，马克思不知道中文"封建"内涵是什么，是我国翻译家几经反复之后采用了"封建"这个词与德语的"Feudal"、英语的"feudalism"对应了起来。严复首次将 feudalism 译为中文。1901 年，严复的重要译著《原富》（现名《国民财富的性质和原因的研究》）问世，在这部译著中，feudalism 译为"拂特之制"。大概严复发现西欧的 feudalism 对中国历史而言是陌生的，没有一个适当的中国词汇与之相应，于是取音译。1903 年 6 月，严复译穆勒的《群己权界论》（On Liberty），对书中的 feudalism 仍取"拂特"之音译。在严复不久后发表的另一部译著《社会通诠》中第一次将 feudalism 译为"拂特封建制"或"封建制"，从而将

①　牟宗三：《历史哲学》，桂林：广西师范大学出版社 2007 年，第 25 页。
②　牟宗三：《历史哲学》，桂林：广西师范大学出版社 2007 年，第 26 页。

西欧的 feudalism 与中国的传统社会完全对应起来,后者不仅包括先秦时代,也包括秦代至清代①。这在翻译界是一个很大的问题,即采用某个中文词与某个西文词对译,中文读者就想产生一种"移情"作用,将该西文词的所有内涵全部放在这个中文词汇当中,由此也在儒学派里产生了激烈的反弹就不足为奇了。儒学派质疑的是马克思抑或是严复呢? 这是另一个有趣的问题。

钱穆就认为西周时期的"封建"是"封侯建国"的意思②。牟氏接续了这个说法,他指出:中国古代的"封建"实为"封土建制"、"封邦建国"的简称。大规模"封建"的事实发生在西周建国初年③。

要质疑马克思"封建"之谓,则需要驳倒一点即可:奴隶制从未在中国存在过。既然从源头开始就不符合马克思社会形态表,那么后续社会形态更不能套用马克思社会形态表了。牟氏正是这样做的。

在牟氏看来,牟氏对周代社会属性始终认定为一个井田制共同体,政治上是贵族政治,社会为宗法社会。他认为,这样的定性主要是根据历史动力来定的,周代为封侯建国,武装开垦殖民,所以征服者既是政治领袖也是军事领袖。经济上实行井田制,诸侯同时也是地主,这个地主与后世理解的地主内涵不同,周代地主是握有政治权而视为国有制。可以推及贵族上,贵族是政治意义上的,而不是以占有奴隶的多寡而言的,更不是占有土地的意义而言的。贵族完成了统治的时候,并没有向经济特权的阶级社会迈进,而是制礼作乐,形成"宗法之家庭制,等级之政治制(所谓周文),则其自始即以理想贯通政治,以政治运用稳定社会,封侯建国而统一天下,无疑。以理想之贯通于政治运用为纲领,此一事实之凸出,诚为中国历史发展形态之特征。"④

---

① 侯建新:《"封建主义"概念辨析》,中国社会科学 2005(6)。
② 钱穆:《国史大纲》上,北京:商务印书馆 1996 年,第 38—39 页。
③ 侯建新:《"封建主义"概念辨析》,《中国社会科学》2005(6)。
④ 牟宗三:《历史哲学》,广西师范大学出版社 2007 年,第 21—23 页。

牟氏指出，周战胜了商之后，以胜利者的姿态册封各地的侯爵，侯爵对自己得到的封地上的农民和土地拥有统治权，这种制度化的状态称之为"封侯建国"。诸侯与西周统治者都是民之统治者，某种意义上诸侯并不是臣子。周天子和诸侯都有自己的私田，余下的土地册封给大夫或归属于庶民，一律实行井田制。诸侯大夫有两种身份，一个是地主一个是政治军事领袖，耕种田地全部依赖农民。牟氏列举了孟子的描述：《孟子》曰："方里而井，井九百亩，其中为公田，八家皆私百亩，同养公田。"（《滕文公章句上》）又曰："死徙无出乡，乡田同井，出入相友，守望相助，疾病相扶持，则百姓亲睦。"（同上）牟氏指出这是一般农民生活日常的情形，孟子所说的"同养公田"即为一种助法。故《孟子》又曰："《诗》云：'雨我公田，遂及我私'唯助为有公田。由此观之，虽周亦无助也。"在牟氏看来，庶民同时被耕田捆绑在了一起，可以说是一个共同体。虽然大家都处于一个共同体，但私有观念已渐成气候，但土地不得自由买卖也限制了私有观念的发展。担负耕种土地的人，最初是被征服之殷民族，诸侯大夫对土地的私有观念并不是很强，既可以说土地是他的，也可以说土地不是他的，这与后世的地主有本质上的区别，彼时大体仍是一律为井田制。而对于公室、大夫之供养，则采取或贡或助或彻之法。牟氏再次以《孟子》说为证据："夏后氏五十而贡，殷人七十而助，周人百亩而彻，其实皆什一也。"孟子此处是将贡、助、彻的法则推广到了上古三代，牟氏认为缺乏史料的情况下无法认同孟子这句话全部的意思，但三法适用于周代牟氏则是认可的。牟氏接着指出，刚刚被征服的殷民族，开始时可能是周代诸侯的私人奴隶，随着周天子分给鲁国以殷民六族，分给卫国以殷民七族，不可能都是私家奴隶，这些人久而久之也成为合法的耕种农，压根就没有一直当奴隶的情况。

牟氏又指出，奴隶制应该是以生产方式为直接认定的方式，即奴隶是参与到耕种当中才能被认定为是奴隶。但周代奴隶仅仅是为诸侯的生活享受提供服务的，并不直接参与耕种，负责耕种的是自由身的农民。牟氏由此推论出："岂可纯以奴隶制论之耶？"

牟氏总结了马克思主义学派所说的亚细亚生产方式的特点：一、缺乏土地私有现象,土地大都是公有,因而租税与地租合一;二,人工灌溉在农业上有很大的重要性;三、灌溉与其他公共事业由国家大规模地施行;四、共同体强固地存在着;五、受着专制君主的支配。牟氏指出五点中一与四特征为主征。牟氏将亚细亚生产方式套入了自己的"井田制共同体"模子当中,他认为亚细亚的生产方式亦可说为"贡纳制",因为它和奴隶制大体相异,与共同体的存在反倒是有密切关系。牟氏认为,马克思主义学派说商周的氏族共同体,在亚细亚的生产方式之基础上成为奴隶制(即希腊的古典的奴隶制)的变形,马克思主义学派明知任杂役的私有或公有奴隶,不足以形成奴隶制,遂把组织于共同体中的全部耕地视为奴隶的说法是不对的。牟氏认为,这是井田制的生产方式,不是奴隶制问题。说这是奴隶,只是情感判断,不是科学命题[①]。

牟氏质疑唯物史观是为了建立自己的"文化史观",这当然不是他的首创,也不是最后一个这样说的人,但以较大篇幅说明之,他是儒学派中不多的一个。

二、牟宗三历史观全貌勒要

牟氏质疑唯物史观的核心点是阶级范畴,只要能把阶级说质疑得不成立,那么唯物史观就从根本上被他"驳倒"。"驳倒"之后,才可以顺理成章地推出自己的文化动因论。将文化或精神作为一种根本的推动力,这是牟宗三历史哲学的出发点。

关于中国历史的动力,牟氏认为是文化。他指出,就个人言,在精神层面的实践中,个人的生命就是一个精神的生命,精神的生命含着一个"精神的实体"。牟氏认为,这个实体就是个人生命的一个"本"。牟氏随后将此概念放大了,他认为就民族言,在精神层面的实践中,一个民族的生命就是一个普遍的精神生命,此中含着一个普遍的精神实体。这个普遍的精神实体,在民族生命的集团实践

---

① 牟宗三:《历史哲学》,广西师范大学出版社2007年,第19—20页。

中，抒发出有观念内容的理想，以指导它的实践，引生它的实践。观念就是它实践的方向与态度。而这个观念形态就是这个民族的"文化形态"之根。由文化形态引生这个民族的"文化意识"，是以在实践中，同时有理想有观念，亦同时就是文化的。这个文化意识，在历史的曲折发展中，有时向上，有时向下，有时是正，有时是反是邪。这种曲折的表现就形成一个民族的"历史精神"。此亦叫作"时代精神"或"时代风气"①。那么，是谁推动了文化的发展呢？牟氏看来，上古三代是由史官推动，春秋以后则是儒家接力赓续至民国时期，这里就把新儒家的历史地位给抬高了。牟氏指出，文化的记载者是中国历史进程的推动者，即史官直接参与推动了历史的前进。在历数上古三代史官之规模之后，牟宗三指出：此实推动政事之灵魂。人文化成之义胥由此显。故得失之以见集团实践之观念形态。本礼以行政，史官复据礼以考得失。一切纳于礼而简其非礼，则在现实中实现理想，复以理想指导现实，其大义莫显于此。史官所掌实一推动现实措施之"纲维网"也②。春秋之后，则由孔子领衔接力赓续了这份沉甸甸的责任，一直到民国时期。

　　那么中国历史为何会出现反复和曲折呢？牟氏认为是因为历史精神中包含了人的动物性之故。在他看来，根本原因则在人类之有动物性。他认为，如果人只有神性，那么就无所谓历史，亦无所谓历史精神。他指出，所以人类虽有一颗向上的道德的心之抒发理想（这是他的神性），但你也必须知他尚有动物性。观念形态、历史、历史精神、文化意识，都是人间的，既不属于上帝，亦不属于自然③。牟氏给人间的非理性因素预留了一个位置，并未将它全部归之于上帝。

　　那么是不是说人的动物性会导致中国的发展一团漆黑呢？牟氏显然不是这样预设的。在他看来，人虽有动物性，而他的本愿总是向上，人总是以好善恶恶、

---

①　牟宗三：《历史哲学》，桂林：广西师范大学出版社 2007 年，第 4 页。

②　牟宗三：《历史哲学》，桂林：广西师范大学出版社 2007 年，第 12 页。

③　牟宗三：《历史哲学》，桂林：广西师范大学出版社 2007 年，第 4—5 页。

为善去恶为本愿，这是人人所首肯的。没有人甘心为恶，以向恶为本愿。动物性本身无所谓善恶。以向上向善为本愿，则动物性的发作、夹杂、驳杂，甚至于乖谬邪辟，那都是本愿的提不住、扭不过。历史是人的实践形成的，动物性的发作、夹杂、驳杂，与夫本愿的提不住、扭不过，那必然是有的。但人总有一个向上向善的本愿，这是一个正面的标准。这就表示人的实践史总是向光明而趋，人类历史中是有光明的，我们就于人的本愿中认取光明[①]。

牟氏也有"实践"的观点，但此"实践"是指精神层面的实践。他认为，国人看历史，须将自己放在历史里面，把个人生命与历史生命通于一起，是在一条流里面承继着；又必须从实践的观点看历史，把历史看成是一个民族的实践的过程史，把自己放在历史里面，是表示：不可把历史推出去，作为与自己不相干的一个自然对象看；从实践看历史，是表示：历史根本是人的实践过程所形成的，不是摆在外面的一个既成物，而为我们的"知性"所要去理解的一个外在体。归于实践，所以区别"理解"；置身历史，所以区别置身度外。牟氏指出，这两义是相连而生的。人们只有把自己放在历史里面，归于实践的观点，始能见出历史的"光明面"。这个光明面是理解历史、判断历史的一个标准[②]。

我们可以简单归纳一下牟氏史观的几个关键词：文化、精神实践、向上向善的心灵，掌握此三者基本上可以对全部新儒家的学说有一个大概的了解。

三、马克思的"回应"

唯物史观是我们世界观中核心的部分，其理论不仅仅对欧洲起作用，其对全世界都有意义。当然，它也有与时俱进的特点。

马克思在其诸多著述中都曾指出，资本很快就会吞没一切，种族、民族、性别

---

① 牟宗三:《历史哲学》,桂林:广西师范大学出版社2007年,第5页。
② 牟宗三:《历史哲学》,桂林:广西师范大学出版社2007年,第3页。

等人类社会基本特征皆化为无，唯有社会人群的两极分化傲然兀立：一个是资产阶级，一个是无产阶级。且无产阶级如果不同时使"整个社会永远摆脱剥削、压迫和阶级斗争"，就不再能使自己从"剥削它压迫它的那个阶级（资产阶级）下解放出来。"①我们一直以此理论为"眼"看待、分析、对待世界，这是我们世界观的一部分。

　　阶级真实存在着，虽然人们只能看到它的表象。人们普遍注意到了一个社会历史现象，自有文字记录至今的人类社会总是呈现出一种"金字塔"或阶梯状（one above the other）的样貌：某一群人因为各种各样的原因与另一群人在生产、生活、心理意识诸多方面呈现出一种质的且不依人的意志为转移的差异，这样的差异表现为从塔尖到塔基之间的诸层级间或者泾渭分明或者犬牙交错地存在着层级界限，历代学者对诸层级特征的抽取及确定各层级间界限的理论活动层累起来，便形成了一幅动态的"阶级"史。"阶级"的研究通常与欧美国家的发展变化特别是二战后的发展研究是联动的，只要我们还坚持它的发生场所、研究场景主要在欧美，我们就应以将新变化纳入广阔的理论视界中。二战后的欧美现代大中型企业基本都实现了个人所有制的社会化，资本的私人属性日益弱化、公司的个人色彩愈发模糊，表现在一方面公司决不会因为某人的离去而分崩离析，另一方面企业工人有产化趋势增强，这些都强烈地模糊了列宁阶级定义的理论视线。时代给我们提出了这个问题：对阶级理论重新进行实证研究，将真实可信的数据上升为一种不是放到旧套子中，而是散发着一种时代光亮的新理论。缺乏实证数据的缺憾在当下应该补足②。

　　马克思笔下的"封建"首先指的是一种经济制度，一种人剥削人的经济制度，并由此生成了矗立自己之上的且维护自己的诸多上层建筑。该词与严复的翻

---

　　① 《马克思恩格斯选集》1卷，北京：人民出版社2012年，第380页。

　　② Ralf Dahrendon. Class and Class conflict in Industrial Society. Stanford University Press. Stanford，California. 1959. p. 36.

译，的确存在不能完全对应的情况，但这并不是否定马克思"封建"内涵的理由。这是一个简单的逻辑学问题：马克思说了 A，严复翻译成 B，中国人按照 A 的内涵理解了 B，从而遮蔽了 B 所由产生的原初语境。这不是马克思的"错"，更不是否定唯物史观的理由。只要阶级及其斗争事实上的存在，人类的社会形态表总体而言就是科学的。即便它可能也需要与时俱进地补强，但总体上马克思社会形态表大致涵盖了所有人类的历史发展历程。

马克思的亚细亚生产方式：马克思在《政治经济学批判·序言》中说："大体说来，亚细亚的、古代的、封建的和现代资产阶级的生产方式可以看作是经济的社会形态演进的几个时代。"①

有当代学人认为：亚细亚生产方式是马克思对原始社会形态初创性的理论概括，其内涵是以原始共同体土地共同所有制为核心的原始共产主义。马克思以留存于文明世界中的公社残片为依据，运用逆向推演和残片复原相结合的方法，在材料相当缺乏的情况下成功地揭示了原始社会生产关系最基本的特点②。我们认可这个说法，目前人类学、考古学等等领域也都有类似的观点。

相比较后起的徐复观、牟宗三等人，熊氏的历史观是基于其自身的哲学专论的基础之上的一种理论延伸，由此显得更为饱满更为扎实一些。但也有其相比较而言的缺点，也由于熊氏更专注于学理层面的分析，使得他的历史研究更像哲学陈述而缺乏更多的对历史条文和对考古发掘的分析，就历史学意义上似乎略显单薄了一点。但总归为新儒家历史观起了一个头。

熊氏的历史观，实际上是专就国史而言的，他虽然也言及了西人的历史与国史的异同，但并未将国史的特色强加于西人历史甚至是世界史之上。这也是新儒家历史观的一个特点，就国史说国史，就中国文化特色说国史，言及中西异同

---

① 《马克思恩格斯全集》第 31 卷，北京：人民出版社 1998 年，第 413 页。
② 李根蟠：《"亚细亚生产方式"再探讨》——重读＜资本主义生产以前的各种形式＞的思考》，中国社会科学 2016(9)。

也仅仅是对自身国史研究做一个注脚而已。

熊氏史观的核心来自于他的哲学观,体用不二是其哲学观在历史观中的合理延伸和一种应用。他认为文化尤其是儒家文化是推动我国进步的源动力,至少到其所处的民国时期都是如此的,这也是新儒家统一的看法。后进的余英时则更进一步地认为,儒学文化不仅是过去中国发展的源动力,也必将是推动中国走向未来的源动力。这样的说法并非全无道理,传承了几千年的文化可以说是中国人之所以为中国人的根本原因所在,我们认为这样说并无不妥,即便儒学现在只是一种民间意识形态,但对其合理地应用仍然可以对主流意识形态建设大有裨益。

熊氏说说的中西史学研究范式不同,研究者要注意区分甄别,这样的说法当然也是可以成立的,这不是拒绝西学,而是希望学界能更合理地学习和应用西学。

徐复观治史理论中既有西学的影子,也有中学的骨架。其所述理论有自身的特色,但也未能够彻底回答史学"怎样做"才是最好的问题,或许这个问题已上升到一个哲学问题,而答案只存在于彼岸世界。

史学无论如何"治",都肯定有人的痕迹在当中,所谓完全客观的史学或许仅仅是一个高贵的梦想①。

徐氏之作史,其是否也有想"以史传经"②之憧憬,此点也有待持续探讨。

牟氏的文化推动论,在当下仍然很有市场,这是海外新儒家坚持的一个核心观点,当下以余英时为代表。虽然我们认为它与唯物史观是不相容的,但也不能否认它的确还有相当大的影响力。如何以马克思主义理论化解该学派的持续质疑,这也是国内马克思主义学界需要持续思考的一个问题,或许这还不仅仅是马克思主义学派需要思考的问题。

---

① [美]彼得·诺维克:《那高尚的梦想:"客观性问题"与美国历史学界》,杨豫 译,北京:三联书店 2009 年,第 43 页。

② 徐复观:徐复观论经学史二种,上海:上海书店出版社 2005 年,第 172 页。

第八章 外篇:弗洛伊德对马克思主义世界观的质疑与我们的回应

基于同时代工业实践,弗洛伊德重新对世界观概念进行了定义,他给出了自己所理解的内涵和外延,这既是对这个德语概念在学脉上的延续,也可视为这是弗洛伊德为自己的精神分析学在德语界学术版图和学术实践中寻找自身历史定位的一种努力。弗洛伊德首先将世界观定义为一种人类寻找安全感的动态过程,这为其随后展开的世界观概念外延的解释做了铺垫。关于世界观概念的外延,弗洛伊德给出了至少四个,他对这四个阶段或过程分别进行了描述,虽然他自认为精神分析法隶属于自然科学世界观的一个分支,但弗洛伊德也认为将人类的安全感全部寄托在自然科学的范畴内理由并不充分,由是其对泛灵论世界观和宗教世界观着墨较多,其试图在自然科学世界观之外为自己的精神分析学寻找到另一个旁系支点。

一　弗氏世界观概念的内涵

弗氏之前的 Weltanschauung 基本都是德国学者在使用,从康德、黑格尔到恩格斯,该概念的内涵与外延有较大的变化。

康德在《判断力批判》中使用了 Weltanschauung,目的是要说明"崇高理念所要求的对自然物的大小如何估量"的问题。康德认为直观这是人所需要使用到的一种目测自然物大小进行估量的美学手段,他认为,人对物体某种属性的计数本身是数学形式,但在单纯直观中(根据目测)的大小估量则是美学的①。康德想表达的是,通过刻度精确测量物体的尺度是一种人类测量的方法,但人类还可以依据自己的直觉去感知物体,而这种直觉就是直观,如果人类想要直观的物体是整个外部世界,那么这种宏大的审美方式就是对世界的直观。他说道:"然而,哪怕只要能思考这给予的无限而不矛盾,这也就要求在人的内心中有一种本身是超感官的能力。因为只有通过这种能力和它的某种本体的理念——这本体自身不允许有直观,但却被用来给作为单纯现象的世界观奠定基底——,那感官世界的无限的东西才在纯粹智性的大小估量中被整个地统摄在一个概念之下,虽然它在数学的估量中通过数目概念是永远不能整个地被思考的。"②康德这段话意思是很清楚的,Weltanschauung 就是人类对现象世界的感性直观,虽然操控这个直观的本体不允许,但人类要达到对现象世界的审美就必须拥有这种直观的能力。这里还涉及一个二律背反的问题,即本体不允许被直观所把握,但要认识现象又必须拥有直观的能力,此时

---

① ［德］康德:《判断力批判》,邓晓芒 译,人民出版社 2002 年,第 89 页。
② ［德］康德:《判断力批判》,邓晓芒 译,人民出版社 2002 年,第 93—94 页。

就要引进一种康德称之为"崇高"的内心情调了[①]。自此,Weltanschauung开始被人们理解为"人们对世界的直观,即深刻地思考呈现于感官的那个世界",它很快就演化为一个思想范畴,用来标志人类认知所理解的宇宙和人类理性的作用。康德在哲学领域发动了所谓哥白尼式的革命,其强调认知的自我和有意志的自我的作用,并以此为宇宙的知识中心和道德中心,为世界观概念的传播开辟了思想空间[②]。

在弗氏看来,只有使用同一种语言的人才能正确理解该语种中某个词汇最本质的含义,或者按照他的后世学派欧洲精神分析联盟(EPF)的说法,只有具有相似语言结构的人才能正确地理解同类人到底想表达什么[③]。既是在精神分析学意义上,也是在语义学意义上,弗氏认为自己是一个适合解释康德所创造的Weltanschauung概念的人。

弗洛伊德把Weltanschauung理解为人类对宇宙起源、结构的看法,最终目的是寻找到人类自身在宇宙中一个心理上感觉安全的位置。弗氏在"世界直观"意义上认为Weltanschauung对应着人的心理结构,即人怎样看待外部世界就一定会建立相应的心理结构。

他指出:"Weltanschauung(宇宙观)恐怕是德文所特有的一个概念,要把它译成外国文字恐怕有困难。……我认为,宇宙观是种理智的结构,它基于某种凌驾一切的假设,统一地解决我们生活中的一切问题。因此,它没有留下任何尚未做出解答的问题,而且,我们所关心的一切事情都可在其中找到固定的位置。不难理解,拥有这样一种宇宙观,是人类美好愿望之一,信奉它,人们就能在生活中拥有安全感,就能知道追求什么,怎样才能最恰当地对待自己的感

---

① [德]康德:《判断力批判》,邓晓芒 译,人民出版社2002年,第94页。

② [美]大卫·K·诺格尔:《世界观的历史》,胡自信 译,北京大学出版社2006年,第65页。

③ Gabriele Junkers:《汉、德、英、法精神分析词典》,李晓驷主译;李晓驷,施琪嘉,曾奇峰翻译,,上海:上海科学技术出版社2006年,第6页。

情和兴趣。"①弗氏把世界观概念理解为人类的一种理性的结晶,在他眼里,世界观就像一个大型的数据库,每一个抽屉里储存着人类在某个领域或者某个更精细的问题上所需要的解答,每个人遇到麻烦时就会抽取相应的某个抽屉去寻找答案,以此来寻求解答实际问题并从而得到心灵的宁静。这个数据库的形成既有人类利用自然科学研究探索外部世界所形成的知识的影响——弗氏很肯定地认为精神分析学并没有也不可能单独制作这个数据库,也有人类心理因素的粘合——弗氏认为这是一种不能被忽视的制作世界观的原料。

弗氏争取到解释 Weltanschauung 的学术合法性及其所做的内涵解读,明显是要在随后的外延解读中更详细地列举出精神分析学可以填补该概念的何种缺陷,弗氏需要在德语学术版图中为自己的学说找到一个合适的位置。

二、弗氏世界观概念的外延

概念的外延是从其内涵中演绎出来的,所以外延中的所有元素都具有共同的本质属性。弗氏世界观概念的四个外延都是对人类社会发展史上某个阶段具有统治性地位的世界观现象的提炼,按照历史发展顺序依次为:泛灵论世界观、宗教世界观(弗氏谈论的是欧洲宗教)、自然科学世界观、哲学世界观(弗氏这里谈论的主要是与其同时代的布尔什维克世界观现象)。

1.泛灵论世界观

在《图腾与禁忌》中,弗氏非常肯定地认为,泛灵论不仅仅是一种思想体系,因为它不仅仅是对某一特定现象做出解释,它还能让人们从某个角度将整个宇宙作为一个整体加以把握,所以它是人类最初的宇宙观也是人类的一种

---

① 弗洛伊德:《弗洛伊德文集》5 卷,车文博主编,长春:长春出版社 2004 年,第 102 页。

心理学的理论[①]。

在弗氏的描述中,前宗教时期的世界充斥着类似于人的精神存在物——弗氏将之称为"魔鬼"。这个"魔鬼"无处不在,既存在于人体中,也存在于万物之中,或者说该"魔鬼"是一种游荡于空气中的实存,某个时刻因为某个原因才会依附在某物身上。外部世界的所有物体都是它们的栖息之地,或者也许可以说等同于它们的住所。据弗氏的推断,先民们肯定常常处于一种对这些邪恶精灵的极度恐惧之中,但他们却以种种行动(对之他们已赋予驱魔之力,即法术)来对付它们,以便保护自己。弗氏举例道,如果先民们要向大自然企求某些东西——如企求降雨——他们并不直接向天气之神做祷告,而是做些法术动作,以期直接影响大自然:他们自己完成与降雨相似的事情。在先民们与周围环境的各种力量做斗争中,他们的第一个武器就是"法术"——弗氏认为这是现代技术的鼻祖。据弗氏的推测,先民们对法术的仰赖来自于对自己的理智作用的高估,以及对"思想万能"的崇拜[②]。弗氏想说的一个观点是:精神一旦独立且形成了可以相互交流的某种文字,它就会长久地在人们心中驻扎下来并指导人们的社会实践和言行,这就是某种世界观形成的进程。他指出:"我们可以猜想,当时的人类特别对他们在语言方面所取得的成就感到自豪,而这种成就中肯定伴随着思维的重大发展。他们认为法术的力量产生于词汇。这个特征后来被宗教所继承。"[③]至于泛灵论世界观是如何转变为宗教世界观的,弗氏认为泛灵论世界观其实并未完全消失,宗教世界观其实也并未完全摆脱泛灵论的影子,甚至还给它预留了一席之地。

---

① 弗洛伊德:《弗洛伊德文集》8 卷,车文博主编,长春:长春出版社2004 年,第56—57 页。

② 弗洛伊德:《弗洛伊德文集》5 卷,车文博主编,长春:长春出版社 2004 年,第 106 页。

③ 弗洛伊德:《弗洛伊德文集》5 卷,车文博主编,长春:长春出版社 2004 年,第 106 页。

2.宗教世界观

在弗氏看来,宗教对中世纪以前的欧洲人影响是非常大的,它不仅仅替代了自然科学的作用,而且还全面指导着人们的思想和实践,它运用其全部的权威所制定的戒律来指导人们的思考与行动—即便在二十世纪初也仍然是如此的。这样的思想体系毫无疑义地可以在人类世界观概念体系中占据一席之地,它不仅为人类提供了关于宇宙的起源及其形成的资料而且它还向人们保证,在人生沉浮中给予人们保护和最终的幸福。

弗氏认为,宗教世界观也因其特性从而实现了自身的三个功能:首先,宗教满足了人类对知识的渴求。它用自己的方法去做科学打算做的事,并在这点上与科学分庭抗礼。其次,当宗教消除了人们对生活的险恶和沧桑的恐惧时,宗教保证人们将获得幸福的结局并在不幸之中给予安慰。最后,宗教发布戒律,制定禁忌和限制,在这种功能中,宗教与科学之间存在着最大差别①。在弗氏看来,宗教世界观与自然科学世界观至少有两个差别,宗教可以无限制地任由人们去想象外部世界,而科学不可以;宗教可以协调人们的伦理体系和心理架构,而自然科学不可以。所以,弗氏并不完全认为自己的精神分析学是可以完全融入自然科学世界观体系里的,他自认为自己的理论也有独特之处,尤其是能给人类带来心灵安宁的领域。

由此出发,弗氏认为宗教世界观与精神分析学理论有某种相通之处,例如可以用"父亲"的力量来解读宗教造物主的身份和性别,即一个儿童即使长大了获得了更强大的力量,但幼年时期父亲的保护所带来的安全感永远都不会消失,这也是人对神的崇拜的由来,弗氏认为在自然科学足以解读一切知识之前宗教世界观都将持续存在。

---

① 弗洛伊德:《弗洛伊德文集》5 卷,车文博主编,长春:长春出版社 2004 年,第 104 页。

3. 科学世界观

在弗氏看来自然科学思维具有一些不同于宗教思维的特点：它对那些缺少直接和实在效用的事情也感兴趣；它谨慎地避免个人因素和情感影响；它更严格地考察那些作为结论基石的感知觉的可行性；它用那些使用日常方法不可获得的新知觉来充实自己，并在有意识加以调整的实验中，把这些新知觉的决定性因素分离出来。它努力达到与现实——也就是与存在于我们之外，不依赖于我们的东西——一致。弗氏指出，正如经验告诉人们的，这种努力决定着人们的愿望能否实现。由是人们把那种与外部真实世界的一致称为"真理"。即使人们不考虑科学研究的实践价值，它也仍然是科学研究的目标。因此，当宗教宣称它可能取代科学的地位；宣称因为它对人是有益的，并使人高尚，所以它必定也是真的时候；这实际上就是一种侵犯，而为了绝大多数人的利益，人们应驳斥它①。

弗氏勾勒了一幅自然科学世界观的图景：凡是数据达不到的地方，人们不应该去幻想；凡是数据达不到的地方，必定是宗教世界观仍然可以起作用的地方。弗氏是坚定支持理性思维及其数据勾画的自然科学世界观的，在他看来，人们对将来最好的希望是，理智——科学精神，理性——能够逐渐建立起在人类心理活动中的主宰地位，理性的本质是一种保证，保证它以后不会忘记给予人类情感冲动以及给予其所决定的东西以它们应有的地位。但是，这样一种理性统治所实行的普通制度，将被证明是团结人类的最有力的纽带，并将引向进一步的团结②。

---

① 弗洛伊德：《弗洛伊德文集》5卷，车文博主编，长春：长春出版社2004年，第110页。

② 弗洛伊德：《弗洛伊德文集》5卷，车文博主编，长春：长春出版社2004年，第110—111页。

至于自然科学尚未达到的领域,弗氏认为那仅仅是因为自然科学兴盛的时间尚短的缘故,他举了几个例子来说明:开普勒发现行星运动法则距二十世纪初只有大约 300 年;把光分析为各种颜色的光谱,并建立万有引力定律距二十世纪初不过 200 多年;即使人们再往前追溯,一直追溯到希腊时期精密科学的起源;追溯到阿基米德;追溯到哥白尼的先驱、萨姆斯岛的阿里斯塔恰斯,甚至追溯到巴比伦时期天文学的最早开端,也只不过涵盖了人类学家所确定的人类从类人猿形态进化到人的、肯定有十几万年的历史长河中的一小段,等等。弗氏由此强调,人们应该记住,十九世纪产生了如此丰富的新发现,带来了科学如此之迅猛的进步,以至于人们完全有理由对科学的前景充满信心[①]。

4. 哲学世界观

按 Weltanschauung 提出的时间点、弗氏主要论述的对象这两个方面来看,我们将哲学世界观在时间顺序上排列到最后一位是恰当的。

弗氏主要论述了两种看起来似乎是截然相反的哲学世界观,一种他称之为无政府主义哲学世界观、一种是马克思主义(布尔什维克)世界观。

第一种所谓的无政府主义世界观,弗氏指的是那种否定一切世界观的那种世界观。在弗氏看来,这种世界观就其自然科学之发端来看源自于现代物理学的相对论奠基。不可否认,相对论和量子力学的提出给物理学带来了革命性的变化,相对论极大地改变了人类对宇宙和自然的"常识性"观念,它提出了"同时的相对性"、"四维时空"、"弯曲时空"等全新的概念。这些颠覆性的变化毫无疑问部分地摧毁了经典物理学当中的决定论的思想,比弗氏稍早一些的一些哲学家,诸如莱桑德·斯波纳、约书亚·沃伦、本杰明·塔克、史蒂芬·皮尔·安德鲁斯、和亨利·戴维·梭罗等人的虚无主义理论由此再一次吸

---

① 弗洛伊德:《弗洛伊德文集》5 卷,车文博主编,长春:长春出版社 2004 年,第 111—112 页。

引了人们的注意力。此类学者的观点各有不同,相似的地方在于都试图否认自然科学的每一个环节,并以此来否定自然科学研究所带来的一切结论。在虚无主义者看来,人们所公布的像科学真理的一切斗不过是人们自身需要的产物,因为这些需要一定会根据外部条件来获得满足,所以科学是幻想。人们也许会认为,虚无主义仅仅是一种暂时的态度,上述任务一完成,它就不复存在了。我们认为,这当然也是一种世界观:一种否定一切的视角看待世界的观点,弗氏亦作如是观。弗氏指出,虚无主义否定一切之后世界还剩下什么呢?只会被某种神秘主义填满,甚或被陈旧的宗教的宇宙观所填满。因为按照无政府主义理论来讲,并不存在像真理那样的事物,即对外部世界的确定认识。弗氏指出,虚无主义世界观听起来很能迷惑人,但一旦把这种理论放到实践中则立即现出原形来。因为人类的科学实践每往前走一小步都是基于历史传承下来的可信可靠的数据和经验来达成的,人们必须这样做,如果什么不可信、什么都否定,人们就不可能是用石头造桥梁而是用纸片了。

第二种是马克思主义(布尔什维克)世界观,这也是弗氏强烈不认可的一种哲学世界观。

弗氏指出,马克思的理论中包含着令他感到奇怪的主张,诸如,社会形态的发展是一个自然历史过程;社会阶层的变化按一种辩证的过程相继产生,等等。弗氏认为远不能认为这些主张是正确的。对他而言,这些理论听起来也不是什么"唯物主义",相反,倒像是晦涩的黑格尔哲学的积淀物[1]。关于阶级理论,也是弗氏重点批判的东西,这与一部分西方学者的观点很相似:人类社会从未存在过阶级缝隙,既然一个人可以凭借自身努力从金字塔的低层上升为顶层,这怎么能说阶级是存在的呢? 弗氏说道:"我是这么想的,社会差别最初是氏族或种族间的差别。胜利不仅取决于体质上攻击性的程度等心理因

---

① 弗洛伊德:《弗洛伊德文集》5 卷,车文博主编,长春:长春出版社 2004 年,第 113 页。

素。生活在同一领土上,胜利者就变成了主人,而被征服者就成了奴隶。在这种情况下,找不到任何自然法则或概念化的(辩证的)进化迹象。另外,由于对自然力量的日益控制,人们对人类社会关系的影响也更有成效,因为人们总是让他们新近获得的有威力的工具,为其攻击行为效力,并且用以彼此斗争。金属——青铜和铁——的采用结束了那一整个年代的文化及其社会制度。我的确相信,正式火药和火器废除了武士制度和贵族统治;而且俄国的专制统治也早就注定要败于第一次世界大战,因为不管欧洲的皇室如何盛行近亲繁殖,也生育不出在火器的爆炸威力前能够刀枪不入的沙皇来①。"对于经济动力论,弗氏也是不认可的。他认为,不能假定经济动机是社会中唯一决定人类行为的动机。不同的个体、种族和民族在相同的经济条件下表现各异,仅这个不容怀疑的事实就足以证明,经济动机并不是唯一的决定性因素。当谈论到活着的人的种种反应时,实在难以理解人们怎么能够忽视心理因素;因为这些反应不仅与经济条件的建立有关,而且,只有处于这些条件的控制之下,人们才能利用他们最初的本能冲动——如自我生存本能、攻击性、对爱的欲求和趋乐避苦的倾向②。弗氏试图对此理论进行一番"修补",他认为人类社会前进的动力系统中还应该给文化、自然科学留下一席之地,尤其是要给心理学留下一席之地,因为人类社会的组成始终是一个又一个具体的人组成的,他们的心理活动显然可以推动或阻挡社会形态的改变。在此意义上,弗氏认为,因为社会学所探讨的是人类的社会行为,故而它也只能是应用心理学。严格地讲,只有两种科学:一是心理学包括纯理论的和应用的;一是自然科学③。

---

① 弗洛伊德:《弗洛伊德文集》5 卷,车文博主编,长春:长春出版社 2004 年,第 113 页。

② 弗洛伊德:《弗洛伊德文集》5 卷,车文博主编,长春:长春出版社 2004 年,第 115 页。

③ 弗洛伊德:《弗洛伊德文集》5 卷,车文博主编,长春:长春出版社 2004 年,第 116 页。

弗氏彼时主要的批判对象是苏联,而不是马克思或恩格斯。在弗氏看来,俄国的布尔什维克主义得以实现自身就获得了一个世界观所具有的力量、自足性和非他性。而这种世界观在弗氏看来,至少有三个大的缺点:一个是所谓的控制思想,罢黜百家;二个是消灭了唯心主义的幻想,但又制造出了一点也不比唯心主义更少的幻想;三个是企图消灭正常人性从而建立起一种不可靠的集体性的努力,而这种努力必须制造一个类似于宗教那样的灿烂未来才能使大众相信。弗氏不认为依据彼时的自然科学条件,俄国人可以快速地进入到这个人世间的天堂,他认为俄国人推行的社会主义制度显然操之过急了。

三、对弗氏批判狭义马克思主义世界观所做的辩护

弗氏对马克思主义世界观的指责对于当下已具有这种世界观并且一直用这种世界观处理事务的我们来说,不值一驳。我们只要从以下四个方面稍微谈一谈即可。

首先,关于唯经济决定论。熟悉马克思主义经典作家提法的人都能知道,马克思、恩格斯从未说过"经济是历史前进的唯一动因"这样的话,晚年恩格斯还为此作出过专题性的辩护。例如,恩格斯在致约瑟夫·布洛赫的书信(1890 年)中特别地指出,"历史过程中的决定性因素归根到底是现实生活的生产和再生产。"①恩格斯的措辞是"归根结底"这样的"终极式"的提法,这也是我们所熟知的一句话,我们也从未否认其他社会元素所能起到的作用。我们党的十八届三中全会强调,全面深化改革必须促进社会公平正义,而"实现社会公平正义是由多种因素决定的,最主要的还是经济社会发展水平"②,这就是我们在此问题上的看法。

---

① 《马克思恩格斯文集》10 卷,北京:人民出版社 2009 年,第 591 页。
② 《习近平谈治国理政》,北京:外文出版社 2014 年,第 96 页。

其次,关于阶级理论。人们普遍注意到了一个社会历史现象,自有文字记录至今的人类社会总是呈现出一种"金字塔"或阶梯状(one above the other)的样貌:某一群人因为各种各样的原因与另一群人在生产、生活、心理意识诸多方面呈现出一种质的且不依人的意志为转移的差异,这样的差异表现为从塔尖到塔基之间的诸层级间或者泾渭分明或者犬牙交错地存在着层级界限,历代学者对诸层级特征的抽取及确定各层级间界限的理论活动层累起来,便形成了一幅动态的"阶级"史。而相应领域语言变化又被投射到整个社会语用结构中,使得社会交往中新的语言实践成为可能,并映射着社会历程的发展。在摩尔根的记载中,最早把民众划分为不同阶级的人是古希腊的瑟秀斯,瑟秀斯把民众分为三个阶级,不论其氏族关系如何,这三个阶级分别称为"士族"、"农民"和"工匠"。凡属民政和宗教方面的主要官职都由第一阶级的人担任。此外,梭伦、塞尔维乌斯、李启纽斯、努玛等人都尝试过按照财产、技术、职业等标准划分社会阶级的试验①,塔西佗在其《编年史》中也有类似的记载②。远在摩尔根、塔西佗的记载之前,《荷马史诗》中即有"先知、医者、木匠、诗人同属'工作者'的范畴,即用自己的手艺或本领为民众服务的人。无业游民似乎亦属自由人阶层"③的记录。柏拉图与亚里士多德也提到了划分自由人与奴隶的方法,比如"天赋的自由的本性"和"理性"④。此外还有社会学家们提出的一系列划分社会人群的标准,诸如吉丁斯的"类群意识"、勒蓬的"一群人的精神"、

---

① [美]路易斯·亨利·摩尔根:《古代社会》,杨东莼 等译,南京:江苏教育出版社2005 年,211、214、263、265 页。

② [古罗马]塔西佗:《编年史》(上、下),王以铸、崔妙因 译,北京:商务印书馆 1981年,上卷 7 页、下卷 549 页。

③ [古希腊]荷马:《荷马史诗》,陈中梅 译,北京:中国书籍出版社 2006 年,译本序 19页。

④ [古希腊]亚里士多德:《政治学》,1254b,颜一、秦典华 译,北京:中国人民大学出版社 2003 年,8 页。

塔尔德的"模仿"和"创造"、迪尔凯姆的"社会意识的异同"①，等等。无论划分的标准是什么，这些标准所对准的人群及所反映的社会现实都告诉人们，历代社会人群区分为三六九等是一个客观真实。

再次，关于共产主义。从理论上来说，共产主义已是事实，只不过是初级阶段而已，因为社会主义已是共产主义的初级阶段。我们也不否认，从斯大林到勃列日涅夫，他们所提出来的一些观点也确有操之过急之嫌，比如赫鲁晓夫的一国首先进入共产主义（高级阶段）论、勃列日涅夫的发达社会主义论，彼时确实没有可支撑这种观点的物质基础存在。但我们也应该看到，共产主义是建立在科学的马克思主义理论之上的对人类美好未来的一种构思，这种构思生发于坚实的科学土壤之中，它当然可以结出同样 DNA 的果实出来。俄国之后的社会主义国家，尤其是二十世纪七十年代末社会主义国家普遍进入到了改革开放的阶段之后，人们也并未再去尝试精确地预测什么时候实现共产主义，而是专注与自己国家的事务，埋头苦干，脚踏实地地向着这个科学目标迈进。

最后，关于俄国人罢黜百家，只尊马克思主义。这是一个西方世界喋喋不休的话题，很明显他们也只是落入了以自己的世界观来评判别人的世界观的境地，他们没有办法站在别人的视角上去看待问题，从而在理论上就造成了社会主义国家没有言论自由的假象。我们认为，马克思主义是放之四海而皆准的真理，我们对马克思主义的信仰也是基于坚实的自然科学和社会科学的基础之上的。我们以此为基点，将自然科学和社会科学纳入到一个马克思主义世界观的容器里，并使得这些理论产生良好的"化学反应"，这又有何不可呢？

---

① 转引自［英］鲍桑葵：《关于国家的哲学理论》，汪淑钧 译，北京：商务印书馆2006年，77 页。

第九章 结语

　　首先，研究狭义世界观有较大的现实和理论意义。其一是开显狭义世界观内部层次结构。在分析其拼图式结构的板块性状及其特征时重点关注各个拼图之间相互支持且荣损与共的原因，此外还要区分它与主流意识形态理论层次结构的异同。其二是描绘狭义世界观演进轨迹图。勾勒一幅从恩格斯到习近平脉络清晰的狭义世界观动态画面，对诸如恩格斯制订的初衷、列宁将其上升为党纪、斯大林将其上升为苏联全民规范等"节点"结合时代背景进行分析。其三是探索习近平新时代中国特色社会主义思想及其实践对狭义马克思主义世界观最新发展，分析其内容中的"八个明确"和"十四个坚持"对马克思主义世界观的最新发展。

　　其次，坚持原汁原味的狭义世界观的前提下，依据时代精神的变化充实和发展它。当下发展进程中遇到的问题是马克思恩格斯都不曾遇到过的,甚至可以说是改革开放之初都没有遇到过的,如何在发展中保持并创出新意,这是一个尚待思考的问题。比如如何让民营资本家安心创业的问题、价值观多元化的问题等等。狭义世界观有其建立的时代背景,应对过去的情况没有问题,但应对新时代中国特色社会主义情况就需要进一步发展。

首先,"马克思世界观"与"马克思主义世界观"不能相互替代。即便从民族情结这一个视角来看,互不替代的说法也是可以成立的。尽管马克思是一个国际主义者,但偶尔也会流露出一些民族情绪的表达,比如在《资本论》第1卷即将出版之际马克思在给恩格斯的信中所强调的,该书的"结构,即整个的内部联系"不是他单个人的"功绩",而是"德国科学的辉煌成就"、"全民族的功绩"①。

其次,从历史的视角看,新出现的世界观体系一般都代表着人类历史的未来,代表着人类社会形态的前进方向。而最新的马克思主义世界观体系必然也是代表着人类前进的方向和发展的目标,因为它集中了人类已知的一切自然科学和哲学的精华。虽然马克思主义世界观内涵一直有争议,但其核心拼图自恩格斯制定开始并未有大变化,只是这个体系的组织架构与非核心拼图存在不同看法,这些不同看法可以在社会主义国家发展中进一步探讨。

再次,可以说世界观内涵转变、生产力进步、社会形态发展、科学进步通常指的是同一件事。历史学家们发现,表达人的倾向、设想和价值观的不同方式,并不像现代学科分类暗示的那样,相互隔绝、独自存在。政治理论、阶级关系、风俗习惯以及社会集团的特性和道德准则表现出本质上的密切关系,这种密切关系有助于确定历史发展的特定阶段②。

---

① 参见《马克思恩格斯文集》第 10 卷第 236 页。

② [英]J. C. D. 克拉克:《1660—1832 年的英国社会》,姜德福 译,商务印书馆 2014 年,第 148 页。

　　最后,世界观始终处在动态变化的进程中,可能表面看起来长时间不动但其内部拼图一直都有增减。辩证地看待一切现成事物或理论是破解理论领域出现的市场假象和剧场假象的最佳办法,只要我们动态地看待世界观就会发现它的"模样"一直都在变化。

参 考 文 献

一 专著

1.《习近平谈治国理政》1—3卷,北京:外文出版社 2014、2017、2020 年.

2. 习近平:《之江新语》,杭州:浙江人民出版社 2007 年.

3. 习近平:《在纪念毛泽东同志诞辰 120 周年座谈会上的讲话》,北京:人民出版社 2013 年.

4. 习近平:《在纪念邓小平同志诞辰 110 周年座谈会上的讲话》,北京:人民出版社 2014 年.

5. 习近平:《在党的群众路线教育实践活动总结大会上的讲话》,北京:人民出版社 2014 年.

6. 习近平:《在文艺工作座谈会上的讲话》,北京:人民出版社 2015 年.

7. 习近平:《知之深爱之切》,石家庄:河北人民出版社 2015 年.

8. 习近平:《在纪念红军长征胜利 80 周年大会上的讲话》,北京:人民出版社 2016 年.

9. 习近平:《在纪念马克思诞辰 200 周年大会上的讲话》,北京:人民出版社 2018 年.

10. 习近平:《习近平谈"一带一路"》,北京:中央文献出版社 2018 年.

11. 习近平:《在纪念刘少奇同志诞辰 120 周年座谈会上的讲话》,北京人民出版社 2018 年.

12. 习近平:《在庆祝改革开放 40 周年大会上的讲话》,北京:人民出版社

2018 年.

13.《马克思恩格斯选集》第 1—4 卷,北京:人民出版社 1995 年.

14. 马克思恩格斯全集:第 47 卷,北京:人民出版社 2004 年.

15.《毛泽东选集》第 1—4 卷,北京:人民出版社 1991 年.

16. 毛泽东文集,第 7、8 卷,北京:人民出版社 1999 年.

17. 毛泽东:《毛泽东军事文集》第 1 卷,北京:军事科学出版社 1993 年.

18. 中央文献研究室:《毛泽东年谱(1893—1949)》中卷,北京:中央文献出版社 2002 年.

19.《毛泽东书信选集》,北京:人民出版社 1983 年.

20.《建国以来毛泽东文稿》第 7 册,北京:中央文献出版社 1992 年.

21.《邓小平文选》第 1—3 卷,北京:人民出版社 1994 年.

22. 胡锦涛:《在庆祝中国共产党成立 90 周年大会上的讲话》,北京:人民出版社 2011 年.

23.《中共中央关于深化文化体制改革推动社会主义文化大发展大繁荣若干重大问题的决定》,北京:人民出版社 2011 年.

24. 胡锦涛:《坚定不移沿着中国特色社会主义道路前进 为全面建成小康社会而奋斗》,北京:人民出版社 2012 年.

25.《中国共产党第十八次全国代表大会文件汇编》,北京:人民出版社 2012 年.

26.《中共中央文件选集》第 13 册,北京:中共中央党校出版社 1991 年.

27. 中共中央文献研究室:《十七大以来重要文献选编》(上),北京:中央文献出版社 2009 年.

28. 中共中央文献研究室:《十七大以来重要文献选编》(中),北京:中央文献出版社 2011 年.

29.《中共中央关于加强和改进新形势下党的建设若干重大问题的决定》,北京:中国方正出版社 2009 年.

30.《中华人民共和国重要教育文献(1949—1975)》,海口:海南出版社 1998 年.

31. 中共中央文献研究室编;逄先知主编;冯蕙,姚旭,赵福亭,吴正裕副主编:《毛泽东年谱:1893—1949 修订本》中,北京:中央文献出版社 2013 年.

32. 中央档案馆:《中共中央文件选集》第 5 册,北京:中共中央党校出版社 1983 年.

33. 中央档案馆:《中共中央文件选集》第 4 册,北京:中共中央党校出版社 1983 年.

34.《中共中央文件选集》第 13 册,北京:中共中央党校出版社 1991 年.

35.《十一届三中全会以来重要文献选编》,北京:人民出版社 1987 年.

36.《建国以来重要文献选编》第 10 册,北京:中央文献出版社 1994 年.

37. 井冈山革命根据地党史资料征集编研协作小组,井冈山革命博物馆:《井冈山革命根据地》(上),北京:中央党史资料出版社 1987 年.

38. 井冈山革命根据地党史资料征集编研协作小组,井冈山革命博物馆:《井冈山革命根据地》(下),北京:中央党史资料出版社 1987 年.

39.《中央苏区革命文化史料汇编》,南昌:江西人民出版社 1994 年.

40.《井冈山革命根据地》写作组:《井冈山革命根据地》,上海:上海人民出版社 1977 年.

41. 江西省档案馆:《井冈山革命根据地史料选编》,南昌:江西人民出版社 1986 年.

42. 江西省文化厅革命文化史料征集工作委员会,福建省文化厅革命文化史料征集工作委员会:《中央苏区革命文化史料汇编》,南昌:江西人民出版社 1994 年.

43. 中央教育科学研究所:《老解放区教育资料 2 抗日战争时期》上,北京:教育科学出版社 1986 年.

44. 中共党史出版社:《延安叙事》,北京:中共党史出版社 2012 年.

45.《中国共产党党史》2 卷上册,中共党史出版社 2011 年.

46. 解放军歌曲选集编辑部:《中国工农红军歌曲选》,北京:中国青年出版社 1956 年.

47. 陕西省档案馆,陕西省社会科学院:《陕甘宁边区政府文件选编》第 8 辑,北京:档案出版社 1988 年.

48. 艾思奇:《艾思奇文集》第 1 卷,北京:人民出版社 1981 年.

49. 邓中夏:《中国职工运动简史》,沈阳:东北书店 1947 年.

50. 方志敏、邵式平等:《回忆闽浙皖赣苏区》,南昌:江西人民出版社 1983 年.

51. 罗荣桓、谭震林:《亲历井冈山革命根据地创建》,南昌:江西人民出版社 2007 年.

52. 李平心:《各国革命史讲话》,上海:光明书局 1949 年.

53. 沈志远:《新经济学大纲》,上海:上海书店出版社 1935 年.

54. 华中师范学院中文系现代文学教研室:《有关三十年代文艺和鲁迅问题参考资料》,武汉:华中师范学院中文系现代文学教研室等编印 1978 年.

55. 朱自清:《朱自清讲文学》,南昌:百花洲文艺出版社 2016 年.

56.《朱自清全集》第 4 卷,南京:江苏教育出版社 1996 年.

57. 鲁迅:《鲁迅杂文全集》(上),北京:群言出版社 2016 年.

58. 陈瘦竹:《左翼文艺运动史料》,南京:南京大学学报编辑部 1980 年.

59. 中国社会科学院文学研究所左联回忆录编辑组:《左联回忆录》,北京:知识产权出版社 2010 年.

60. 史先民:《中国社会科学家联盟资料选编》,北京:中国展望出版社 1986 年.

61. 上海市哲学社会科学学会联合会:《中国社会科学家联盟成立五十五周年纪念专辑》,上海:上海社会科学院出版社 1986 年.

62. 季甄馥、徐顺教:《中国近代哲学史资料选编》第 4 卷,上海:上海社会科学院出版社 1989 年.

　　63. 仰海峰:《实践哲学与霸权—当代语境中的葛兰西哲学》,北京,北京大学出版社 2009 年.

　　64. 张鸣:《乡土心路八十年—中国近代化过程中农民意识的变迁》,西安:陕西人民出版社 2008 年.

　　65. 徐海波:《意识形态与大众文化》,北京:人民出版社 2009 年.

　　66. 梁启超:《中国历史研究法》,石家庄:河北教育出版社 2003 年.

　　67. 梁启超:《欧游心影录》,北京:东方出版社 1996 年.

　　68. 高军:《五四运动前马克思主义在中国的介绍与传播》,长沙:湖南人民出版社 1986 年.

　　69. 胡为雄:《马克思主义哲学在中国传播与发展的百年历史》(上、下),南昌:百花洲文艺出版社 2015 年.

　　70. 钟家栋、王世银:《马克思主义在中国》,上海:上海人民出版社 1998 年.

　　71. 黄见德:《20 世纪西方哲学东渐史导论》,北京:首都师范大学出版社 2011 年.

　　72. 林代昭:《马克思主义在中国—从影响的传入到传播》(上),北京:清华大学出版社 1983 年.

　　73. 聂月岩:《马克思主义中国化问题研究》,北京:首都师范大学出版社 2014 年.

　　74. "从五四运动到人民共和国成立"课题组:《胡绳论"五四运动到人民共和国成立"》,北京:社会科学文献出版社 2001 年.

　　75. 沙健孙:《中国共产党通史》(第 1 卷),长沙:湖南教育出版社 1996 年.

　　76. 天津市人民图书馆编:《周恩来同志旅欧文集》,北京:文物出版社 1979 年.

77. 郑德荣:《20世纪中国三次历史性巨变研究》,长春:东北师范大学出版社2002年.

78. 邱少明:《文本与主义 民国马克思主义经典著作翻译史 1912—1949》,南京:南京大学出版社2014年.

79. 杨先农:《马克思主义中国化研究纲要》,成都:四川人民出版社2008年.

80. 陶用舒:《中国现代史 1919—1949》,长沙:湖南大学出版社1989年.

81. 徐信华:《中国共产党早期报刊与马克思主义大众化》,北京:人民出版社2013年.

82. 郭庆堂:《20世纪中国哲学导论》,徐州:中国矿业大学出版社2002年.

83. 钟离蒙、杨凤麟:《中国现代哲学史资料汇编》第2集第1册(哲学论战上),沈阳:辽宁大学哲学系1982年.

84. 徐素华:《中国社会科学家联盟史》,北京:中国卓越出版公司1990年.

85. 陈占安:《马克思主义大众化的历史经验》,北京:北京古籍出版社2012年.

86. 王旭宽:《政治动员与政治参与 井冈山斗争时期为例》,北京:中央编译出版社2012年.

87. 李国强:《中央苏区教育史》,南昌:江西教育出版社2001年.

88. 张友南,肖居孝,罗庆宏:《中央苏区的红色文化》,北京:中国发展出版社2015年.

89. 袁征主编:《中央苏区思想政治工作研究》,南昌:江西高校出版社1999年.

90. 谢济堂:《中央苏区革命歌谣选集》,厦门:鹭江出版社,1990年.

91. 王长龙:《长征全记录 长征人话长征》第1册,石家庄:河北少年儿童出版社 2001 年.

92. 中共楚雄州委党史资料征集小组:《中共楚雄党史资料 第 1 集 红军长征过楚雄》,成都军区后勤部驻昆办印刷厂.

93. 黔西南州史志办公室:《黔西南革命史话》,2013 年.

94. 李涛、李海:《国民党将领看长征》,北京:军事科学出版社 2004 年.

95. 王东,刘军:《马克思主义学习型政党建设新论》,北京:中央编译出版社 2011 年.

96. 王东:《马列著作在中国出版简史》,厦门:福建人民出版社 2009 年.

97. 雷云峰:《陕甘宁边区史 抗战时期》上,西安:西安地图出版社 1993 年.

98. 何载:《延安的光辉》,西安:陕西人民出版社 1993 年.

99. 艾克恩.延安文艺回忆录,北京:中国社会科学出版社 1992 年.

100.《延安文艺丛书》编委会编:《文艺史料卷》长沙:湖南人民出版社 1987 年.

101. 王巨才:《延安文艺档案 延安文学 第 31 册 延安文学组织》,西安:太白文艺出版社 2015 年.

102. 郭庆堂:《20 世纪中国哲学导论》,徐州:中国矿业大学出版社 2002 年.

103. 崔耀中:《中国马克思主义大众化研究:历史进程和基本经验》,中国人民大学出版社 2013 年.

104. 许全兴:《毛泽东晚年的理论与实践》,北京:中国大百科全书出版社 1993 年.

105. 康渝生,李楠明:《当代中国马克思主义的生成与发展逻辑》,哈尔滨:黑龙江人民出版社 2006 年.

106. 王永平:《新编党建手册》,广州:广东人民出版社 2014 年.

107. 吴亮:《日常中国》,南京:江苏美术出版社 1999 年.

108. 蓝黛:《老笔记—名人眼里的历史事件》,北京:民族出版社2001年.

109. 梁漱溟:《乡村建设理论》,上海:上海人民出版社2006年.

110. 李文成:《追寻精神的家园—人类精神生产活动研究》,北京:北京师范大学出版社2007年.

111. 李景林:《教化的儒学—儒家思想的一种新诠释》,哈尔滨:黑龙江人民出版社2006年.

112. 陆学艺、王处辉:《中国社会思想史资料选辑》(民国卷上,下),南宁:广西人民出版社2007年.

113. 吴雁南 等:《中国近代社会思潮(1840—1949)》第2卷,长沙:湖南教育出版社1998年.

114. 吴建国 等:《当代中国意识形态风云录》,北京:警官教育出版社1993年.

115. 安启念:《马克思主义哲学中国化研究》,北京:中国人民大学出版社2006年.

116. 韩震:《新时期中西哲学大论辩》,南昌:百花洲文艺出版社2006年.

117. 张君劢:《新儒家思想史》,北京:中国人民大学出版社2006年.

118. 吴宁:《日常生活批判—列裴伏尔哲学思想研究》,北京:人民出版社2007年.

119. 金耀基:《从传统到现代》,北京:中国人民大学出版社1999年.

120. 朱义禄. 儒家理想人格与中国文化,沈阳:辽宁教育出版社1991年.

121. 何一成:《马克思主义中国化研究》,长沙:湖南人民出版社2005年.

122. 高瑞泉:《中国现代精神传统》,上海:东方出版中心1999年.

123. 陈哲夫、江荣海、吴丕:《二十世纪中国思想史》(下),济南:山东人民出版社2002年.

124. 梁淑溟:《中国文化要义》,上海:上海人民出版社2005年.

125. 张国刚:《家庭史研究的新视野》,北京:三联书店2004年.

126. 澎湃:《澎湃文集》,北京:人民出版社 1981 年.

127. 黄涛:《语言民俗与中国文化》,北京:人民出版社 2002 年.

128. 郑谦:《中国:从"文革"走向改革》,北京:人民出版社 2008 年.

129. 张君劢:《新儒家思想史》,北京:中国人民大学出版社 2006 年.

130. 欧阳哲生:《新文化的传统—五四人物与思想研究》,广州:广东人民出版社 1998 年.

131. 黄涛:《语言民俗与中国文化》,北京:人民出版社 2002 年.

132. 周宁:《独白的心理学与对话的心理学—心理学的两种话语状态》,昆明:云南大学出版社 2005 年.

133. 费孝通:《乡土中国》,北京:三联书店 1985 年.

134. 唐钧:《中国社会》,北京:五洲传播出版社 2010 年.

135. 李亦园、杨国枢:《中国人的性格》,南京:江苏教育出版社 2006 年.

136. 笑思:《家哲学—西方人的盲点》,北京:商务印书馆 2010 年.

137. 李友梅:《从弥散到秩序:"制度与生活"视野下的中国社会变迁 1921—2011》,北京:中国大百科全书出版社 2011 年.

138. 刘建军:《马克思主义信仰论》,北京:中国人民大学出版社 1998 年.

139. 李汉林:《中国单位社会—议论、思考与研究》,上海:上海人民出版社 2004 年.

140. 贺雪峰:《乡村社会关键词:进入 21 世纪的中国乡村素描》,济南:山东人民出版社 2010 年.

141. [德]瓦尔特·本雅明:《机械复制时代的艺术作品》,江苏人民出版社 2006 年.

142. [英]彼得.伯克:《语言的文化史—近代早期欧洲的语言和共同体》,李霄翔、李鲁、杨豫 译,北京:北京大学出版社 2007 年.

143. [法]鲁尔.瓦纳格姆:《日常生活的革命》,张新木、戴秋霞、王也频译,南京:南京大学出版社 2008 年.

144. ［美］费正清：《美国与中国》，张理京 译，北京：世界知识出版 1999 年.

145. ［美］菲利普.塞尔兹尼克：《社群主义的说服力》，马洪、李清伟 译，上海：上海人民出版社 2009 年.

146. ［美］约瑟夫·熊彼特：《资本主义、社会主义与民主》，吴良健 译，北京：商务印书馆 2006 年.

147. ［美］顾德曼：《家乡、城市和国家—上海的地缘网络与认同 1853—1937》，宋钻石 译，上海：上海古籍出版社 2004 年.

148. ［美］埃德加·斯诺：《西行漫记》，董乐山 译，北京：生活·读书·新知三联书店出版社 1979 年.

149. ［西班牙］奥尔特加.加塞特：《大众的反叛》，刘训练 译，长春，吉林人民出版社 2004 年.

150. 塞奇·莫斯科维奇：《群氓的时代》，许列民，薛丹云，李继红，译. 南京：江苏人民出版社 2003 年.

151. 查尔斯·蒂利：《身份、边界与联系》，谢岳，译. 上海：上海人民出版社 2008 年.

152. 亚里士多德：《政治学》，颜一，秦典华，译. 北京：中国人民大学出版社 2003 年.

153. ［德］李博：《汉语中的马克思主义术语的起源和作用》，赵倩 译，北京：中国社会科学出版社 2003 年.

154. 赫伯特·马尔库塞：《单向度的人》，刘继，译. 上海：上海译文出版社 2006 年.

155. ［英］斯威伍德：《大众文化的神话》，冯建三 译，北京，三联书店，2003 年.

156. ［苏］米哈伊尔.巴赫金：《巴赫金全集》第 1—5 卷［M］，钱中文 主编，白春仁、晓河 等译，河北教育出版社 1998 年.

157. ［美］费正清:《美国与中国》,张理京 译,北京:世界知识出版社 1999 年.

158. Julien. Bendn, The Treason of the Intellectuals, trans. by Richard. Aldington, New York, The Norton Library, 1969.

159. J. Derrida, Writing and Difference, trans. by Alan Bass, The University of Chicago 1978.

二　期刊论文

1. 习近平:《不断开拓当代中国马克思主义政治经济学新境界》,《求是》2020(16).

2. 习近平:《贯彻落实新时代党的组织路线 不断把党建设得更加坚强有力》,《求是》2020(15).

3. 习近平:《中国共产党领导是中国特色社会主义最本质的特征》,《求是》2020(14).

4. 习近平:《在"不忘初心、牢记使命"主题教育总结大会上的讲话》,《求是》2020(13).

5. 习近平:《在打好精准脱贫攻坚战座谈会上的讲话》,《求是》2020(9).

6. 习近平:《坚持历史唯物主义不断开辟当代中国马克思主义发展新境界》,《求是》2020(2).

7. 吴荣生:《逻辑与整合:当代中国马克思主义大众化要素论析》,《理论学刊》2013(8).

8. 林伯修:《一九二九年急待解决的几个关于文艺的问题》,《海风周刊》1929(12).

9. 柳提:《论科学小品文》. 陈望道编辑:太白·第一卷·第十二期 1935 年.

10. 读书生活,1936 第 3 卷第 10 期.

11. 颜晓峰:《以人民为中心:马克思主义大众化的本质和真谛》,《人民论坛》2016.10 上.

12. 范玉刚:《当下语境中的"大众"与"大众文化"》,《中共中央党校学报》2007(3).

13. 朱执信:《德意志社会主义革命家小传》,《民报》1905 年 11 月.

14. 存统:《马克思共产主义》,《新青年》1921 年第 9 卷第 4 号.

15. 罗罗:《一九一九年与世界大势》,《东方杂志》1919,第 17 卷第 1 号.

16. 郑振铎:《现代的社会改造运动》,国立北京法政大学社会科学研究会:新社会,1920 第 11 号.

17. 李达:《讨论社会主义并质梁任公》,《新青年》1921 年第 9 卷第 1 期.

18. 李大钊:《我的马克思主义观》,《新青年》1919 年第 6 卷第 5 号、第 6 卷第 6 号.

19. 陈独秀:《谈政治》,《新青年》,1920 年第 8 卷第 1 号.

20. 侯松涛:《十年内战时期马克思主义大众化及其启示》,《马克思主义研究》2010(5).

21. 沈骥如:《沈志远—马克思主义哲学理论体系引入者》,《社会科学报》2008 年 7 月 10 日.

22. 王思华:《怎样研究〈资本论〉》,解放 1941 第 130 期.

23. 何大白:《文学的大众化与大众文学》,《北斗》1932 第 2 卷 第 3—4 期合刊.

24. 王湘云:《土地革命战争时期中共对马克思主义大众化的探索及基本经验》,《毛泽东思想研究》2014(5).

25. 黄保华、朱腾云:《论中央苏区的革命标语宣传》,载《赣南师范学院学报》1998 年第 2 期.

26. 彭西西:《红军歌曲传唱与马克思主义大众化》,《兰台世界》2012(2).

27. 胡现岭:《抗战时期陕甘宁边区的冬学运动》,《党史研究与教学》2004 (5).

28. 焦金波:《延安报刊推动马克思主义大众化的基本经验—以＜解放日报＞＜边区群众报＞为中心》,《广西社会科学》2013(6).

29. 普罗普:《英雄史诗的一般定义》,《民族文学研究》2000(1).

30. 张莉:《中共八大对马克思主义大众化的积极探索和重要贡献》,《理论学刊》2014(10).

31. 萧净宇:《巴赫金语言哲学中的对话主义》,《现代哲学》2001(4).

32. 刘坤媛:《巴赫金"对话"理论中国化的启示》,《社会科学战线》2006 (4).

33. 喻包庆:《当代中国马克思主义大众化的政治实践路径及其创新》,《理论学刊》2013(11).

三 报刊

1. 习近平:《在庆祝中国共产党成立 95 周年大会上的讲话》,人民日报,2016－07－02(2).

2.《习近平在同全国妇联新一届领导班子集体谈话》,人民日报,2013－10－31.

3.《学好文件抓住纲》,《人民日报》1977 年 2 月 1 日第 1 版.

4.《标准只有一个》,《人民日报》1978 年 3 月 26 日第 3 版.

本报特约评论员:《实践是检验真理的唯一标准》,《光明日报》1978－5－11,第 1 版.

后　　记

书稿基本完成之后，我心里一直惴惴不安。主要原因有三：其一，对习近平新时代中国特色社会主义思想悟得不够深、不够透，体现在撰写时总感觉言不尽意。其二，如果说将自己的想法有逻辑性地表达出来是一种道德责任的话，那么我肯定还没有彻底能肩负起这个责任。因为书稿的框架中规中矩，不但无甚出彩之处，总觉得没有把自己的想法合乎逻辑地表达出来，写作的时候时常会有意犹未尽但又词穷无法表达的感受。其三，囿于时代条件对我的思维方式的限制，我在描述马克思主义世界观时无法预见到未来新传媒的形式及其使用方法以及对于该概念有什么影响。

我要特别感谢我的爱人，我在学术道路上每前进一小步，都与她的支持和鼓励是分不开的。由于修习的学科迥然不同，导致我爱人经常不太明白我想写啥、写的是啥，但她总是能从学术研究的一般意义上对我的研究提出中肯的建议。

感谢广西艺术学院"南湖学者"人才项目、广西高校思想政治教育杰出人才计划资助（第二期）对本书撰写的资助。

感谢我的同事陈小珍老师对本书稿出版的协助工作。

感谢甘肃人民出版社牟克杰同志对本书的帮助和指导。

2021 年 4 月 22 日